主 编
王克瑞

编 委（按姓氏笔画排列）
王 锋　王宴青　邬纯芳　李宗达　陆 洋　陈 红　赵 飞　郭海霞　梁刚建

青少年语言表演艺术

朗诵表演系列第10级

全国青少年语言表演艺术测评中心 编

中国传媒大学出版社
·北京·

前 言

语言艺术,非一日之功,绝非高强度冲刺便能速成的。当下的家长圈里流行一种论调:"孩子学习成绩不好,就走艺术专业吧。"在这种被逼上梁山的无奈之下学习语言艺术,多少带有一些沉重的功利色彩。

蔡元培先生提出的"美育"的力量呢?先生说:"我们提倡美育,便是使人类能在音乐、雕刻、图画、文学里又找见他们遗失的情感。我们在听了一支歌,看了一张画、一件雕刻,或者读了一首诗、一篇文章以后,常会有一种说不出的感觉;四周的空气会变得更温柔,眼前的对象会变得更甜蜜,似乎觉到自己在这个世界上有一种伟大的使命。这种使命不仅仅是要使人人有饭吃,有衣裳穿,有房子住,它同时要使人人能在保持生存以外,还能去享受人生。知道了享受人生的乐趣,同时更知道了人生的可爱,人与人的感情便不期然而然地更加浓厚起来。"先生的话,至今让我们感同身受,语言艺术是最好的审美,应该像先生所说,敦重乐教,发挥美育的力量。

语言艺术,口耳之学,离不开长期熏陶,且一定要坚持中外文化经典的熏陶。我们看到一些语言训练教材内容过于低龄化、养分少,低估了这些"小大人",止于游戏之乐,人文营养不良,语言艺术空心化、同质化，导致这些"小大人"无论朗诵还是主持，都学着大人的腔调，没有了独特感受，没有了孩子味儿。我们希望做到的是：从5岁到14岁，在"童蒙养正，少年立志"的最佳成长阶段，让语言艺术感化他们，使他们练就童子功、打好底子。

古文是中文的根基，尤其是古文经典，布局严谨、行文简洁、气韵生动、文采斐然、思想隽永。比如，《道德经》作为"内圣外王"之学，被誉为"万经之王"，深刻影响着中国的哲学、科学、政治、宗教，是除了《圣经》之外，被译成外国文字发行量最大的世界文化名著。《逍遥游》语言节奏明快、便读易记、气势磅礴、铿锵有力、想象丰富、意境开阔，对其声音、句式、辞格等进行语言研究的人络绎不绝。在这套丛书里，我们要求孩子们朗读这些古文经典，而不强求背诵，将其穿插在表演、游戏、动画配音等环节里，较为轻松。我们相信：读书百遍，其义自见。让这些古文经典印刻在孩子们的童年里，它们总有一天会萌芽、成长。我们从中外传统经典名篇中精挑细选一小段，作为引子，希望孩子们下课之后主动去寻找这些书籍，希望听到他们翻阅经典、朗读经典的声音。我们相信，孩子从小受到经典文化浸染，立身为人，必然出口不凡。

语言艺术从来就不是孤立的，它因为新闻属性而有了新闻播报与评论、现场报道等不同表达形式；它因为文化属性而有了朗诵、表演、演讲、主持等不同表现形态。字正腔圆、口齿清晰、嘴皮利索是基本功，这很重要，因此在本套教材前两册里，这项基本功训练占了三分之一的课时。到中高级进阶阶段，更多的篇幅放在了语言功力的培养上。正如张颂先生所言，语言功力是语言的功底和能力,应该包括观察力、理解力、感受力、思辨力、表现力、回馈力、调检力、鉴赏力这八大功力。

本套教材设计了动物模仿、音乐感受、无实物表演、油画描述解读、新闻现场观察等环节,采用朗诵、表演、配音、演讲、播报、评论等多种形式,让学生去理解、思辨、鉴赏与表达。引导学生聆听经典朗诵、影视配音、鉴赏油画和海报等,力求做到鉴赏与表达互补。在新闻现场,让学生自己去观察、分析,确定选题目标,自拍新闻照片,开展现场报道。教材还采用当下最流行的PBL项目式学习(Project-based Learning),在关注"共享单车""低头族""中国式过马路"等现象的学习中,学生会更加清晰地面对真实社会的实际问题去独立思考:为什么我要关注这个问题?哪些是需要重点关注的对象?这不仅仅是与真实世界建立联系,更重要的是提出真实的问题,而这些真实的问题往往没有标准答案。教师将带领学生自制节目,开分享会,邀请学生、家长和专业人士作为第一观众一起思考、提出建议。观众惊讶的表情是最让人心潮澎湃的,这让学生自然而然地重视分享。在愉快分享的同时,培养学生听取反馈、学会反思的好习惯。我们认为,语言理性与感性的审美培育,才是语言艺术教育的真正出路。

我们坚持从娃娃抓起,力求教材内容专业而有趣。教师与家长、学生积极互动,让学生以踮起脚尖够一树苹果的姿态,愉快参与播音主持考级和朗诵表演考级。依托专业思路,每一阶段设定不同的目标,我们希望告诉每一位家长,考级不是最终目的。从娃娃抓起,却不让孩子继续做自己,不是我们的目的。我们的目的是:引导孩子分享思想、表达感受,让他们在清澈的眼睛里映照出这个世界最初的样子，在幼小的心灵里播种未来人生的第一个梦想。

我们寻找每一位"手持戒尺、眼中有光"的老师。每一个孩子都是可爱的，有鲜活的思想、天使般的心境，有超越现实的想象力和创造力，只有在生命美丽的时候，世界才是美丽的。每一个孩子的语言原本就是干净、美好的，犹如一件宝物放在你眼前，有的人看中的是经济价值，无法摆脱对材质、名款等世俗标准的盲从，而真正的师者，会以审美的眼光，手执戒尺，让宝贝绽放艺术之光辉。

工作之余还能有闲暇去做人，有闲暇去做人的工作，便是幸福。我们编著的教材就是这样，不拘一格，宽严相济，期盼孩子们通过这些有趣的训练项目，也有闲暇去发挥他们的智慧与才能。用如此心态审视，他们将会发现语言艺术世界充满美好、光明。在我们看来，这便是童子功的培养。

中央电视台导演 邬纯芳

2017年12月

扫一扫，
获取在线数字资源

第十级

第十级训练目的 / 002

第一课 / 003

一、即兴小品练习 / 003

　　无实物表演 / 003

二、情声气结合训练——朗读《道德经》/ 004

　　第三十八章 / 004

　　第三十九章 / 005

三、朗诵训练 / 006

　　面朝大海，春暖花开 / 006

第二课 / 008

一、即兴小品练习 / 008

　　无实物表演 / 008

二、情声气结合训练——朗读《道德经》/ 009

　　第四十章 / 009

　　第四十一章 / 009

　　第四十二章 / 010

三、朗诵训练 / 012

　　秋颂 / 012

第三课 / 015

一、即兴小品练习 / 015

　　无对象交流 / 015

二、情声气结合训练——朗读《道德经》/ 016

　　第四十三章 / 016

　　第四十四章 / 016

　　第四十五章 / 017

三、朗诵训练 / 018

　　天上的街市 / 018

第四课 / 020

一、即兴小品练习 / 020

　　无对象交流 / 020

二、情声气结合训练——朗读《道德经》/ 021

　　第四十六章 / 021

　　第四十七章 / 021

　　第四十八章 / 022

三、朗诵训练 / 023

　　我愿意是急流 / 023

第五课 / 026

一、即兴小品练习 / 026

　　布置环境练习 / 026

二、情声气结合训练——朗读《道德经》/ 027

　　第四十九章 / 027

　　第五十章 / 028

三、朗诵训练 / 029

就是那一只蟋蟀 / 029

第六课 / 032

一、即兴小品练习 / 032

　　布置环境练习 / 032

二、情声气结合训练——朗读《道德经》/ 033

　　第五十一章 / 033

　　第五十二章 / 034

三、朗诵训练 / 035

　　乘着歌声的翅膀 / 035

第七课 / 037

一、即兴小品练习 / 037

　　讲故事练习 / 037

二、情声气结合训练——朗读《道德经》/ 038

　　第五十三章 / 038

　　第五十四章 / 039

三、朗诵训练 / 040

　　太阳的话 / 040

第八课 / 042

一、即兴小品练习 / 042

　　声音变化练习 / 042

二、情声气结合训练——朗读《道德经》/ 043

　　第五十五章 / 043

　　第五十六章 / 044

三、朗诵训练 / 045

　　种种可能 / 045

第九课 / 048

一、即兴小品练习 / 048

　　模仿人物练习 / 048

二、情声气结合训练——朗读《道德经》/ 049

　　第五十七章 / 049

　　第五十八章 / 050

三、朗诵训练 / 051

　　这也是一切 / 051

第十课 / 053

一、即兴小品练习 / 053

　　吃药 / 053

二、情声气结合训练——朗读《道德经》/ 054

　　第五十九章 / 054

　　第六十章 / 055

　　第六十一章 / 055

三、朗诵训练 / 057

　　像这样细细地听 / 057

第十一课 / 059

一、即兴小品练习 / 059

　　搬东西 / 059

二、情声气结合训练——朗读《道德经》/ 060

　　第六十二章 / 060

　　第六十三章 / 061

三、朗诵训练 / 062

　　阶段 / 062

第十二课 / 064

一、即兴小品练习 / 064

　　卖瓜人 / 064

二、情声气结合训练——朗读《道德经》/ 065

　　第六十四章 / 065

　　第六十五章 / 066

三、朗诵训练 / 067

　　我已不再归去 / 067

第十三课 / 069

一、即兴小品练习 / 069

　　送礼 / 069

二、情声气结合训练——朗读《道德经》/ 070

　　第六十六章 / 070

　　第六十七章 / 071

三、朗诵训练 / 072

　　我不知道风是在哪一个方向吹 / 072

第十四课 / 074

一、即兴小品练习 / 074

　　考试之前 / 074

二、情声气结合训练——朗读《道德经》/ 075

　　第六十八章 / 075

　　第六十九章 / 076

三、朗诵训练 / 077

　　我曾七次鄙视自己的灵魂 / 077

第十五课 / 079

一、即兴小品练习 / 079

　　闯红灯之后 / 079

二、情声气结合训练——朗读《道德经》/ 080

　　第七十章 / 080

　　第七十一章 / 081

三、朗诵训练 / 082

　　我骄傲，我是中国人！/ 082

第十六课 / 085

一、即兴小品练习 / 085

　　打针 / 085

二、情声气结合训练——朗读《道德经》/ 086

　　第七十二章 / 086

　　第七十三章 / 087

　　第七十四章 / 087

三、朗诵训练 / 088

　　沁园春·长沙 / 088

第十七课 / 090

一、即兴小品练习 / 090

　　公园的早晨 / 090

二、情声气结合训练——朗读《道德经》/ 091

　　第七十五章 / 091

　　第七十六章 / 092

　　第七十七章 / 093

三、朗诵训练 / 093

　　我记得那美妙的一瞬 / 093

第十八课 / 096

一、即兴小品练习 / 096

　　看榜 / 096

二、情声气结合训练——朗读《道德经》/ 097

　　第七十八章 / 097

　　第七十九章 / 098

　　第八十章 / 098

　　第八十一章 / 099

三、朗诵训练 / 100

　　走向远方 / 100

测评内容与要求 / 103

后记 / 104

第十级训练目的

● 即兴小品训练目的

演员既是艺术创作的原料,也是主体创作者,有声语言创作亦是如此。我们在用语言塑造角色时,也在观察角色,既从自身出发,也不从自身出发,通过表演的训练,做到表达时力求真实,培养生动塑造角色的能力。

● 情声气结合训练目的

1. 本级对于情声气结合的要求是尽力做到字正腔圆、清晰持久、刚柔自如、声情并茂。

2. 从本级开始进入《道德经》下篇的朗诵训练,《道德经》前三十七章讲道,后四十四章言德,简单讲"德"是"道"在伦常领域的发展与表现,即开始论述人的行为规范。道是体,德是用。朗读《道德经》,感受老子心中的"仁、义、礼"。

● 朗诵训练目的

本级朗诵训练材料以中外经典散文及散文诗为主,要求学生对文章情感的把握更加细致,可以较为灵活地运用标准普通话和发声技巧来刻画人物、表现环境的变化。同时,对学生对象感的要求更高,除了运用有声语言外,尽可能借助眼神、手势等副语言来表达作品情感,引起听者共鸣。可以在朗诵时通过配乐来更好地调动学生的思想感情。音乐是辅助性工具,不宜选择节奏变化大或相对单一的音乐作品,以免"喧宾夺主"。

第一课

一、即兴小品练习

 训练内容

无实物表演

在无道具情况下,设置情境,进行即兴表演。

袜子破了,用针线缝补。

训练提示

在无实物情境中,设置简单的障碍和矛盾,比如在缝补过程中线脱针等,不要简单地完成形体动作。

二、情声气结合训练——朗读《道德经》

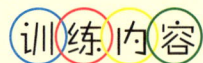 训练内容

第三十八章

上德不德①,是以有德;下德不失德②,是以无德③。上德无为而无以为;下德无为而有以为。上仁为之而无以为;上义为之而有以为。上礼为之而莫之应,则攘臂而扔之④。故失道而后德,失德而后仁,失仁而后义,失义而后礼。夫礼者,忠信之薄⑤,而乱之首⑥。前识者⑦,道之华⑧,而愚之始。是以大丈夫处其厚⑨,不居其薄;处其实,不居其华。故去彼取此。

【注释】①不德:不表现为形式上的"德"。②下德不失德:下德的人恪守形式上的"德",不失德即不失形式上的德。③无德:无法体现真正的德。④攘臂而扔之:攘臂,伸出手臂;扔,强力牵引。⑤薄:不足、薄弱。⑥首:开始、开端。⑦前识者:先知先觉者,有先见之明者。⑧华:虚华。⑨处其厚:立身敦厚、朴实。

【译文】具备上德的人不表现为外在的有德,因此实际上是有德;具备下德的人表现为外在的不离失德,因此实际上是没有德的。上德之人顺应自然而无心作为,下德之人顺应自然而有心作为。上仁之人有所作为却出于无意,上义之人有所作为且出于有

意。上礼之人要有所作为却没人回应他，于是就伸出手臂强引别人。所以，失去了道而后才有德，失去了德而后才有仁，失去了仁而后才有义，失去了义而后才有礼。礼是忠信不足的产物，而且是祸乱的开端。所谓先知，不过是认识了道的虚华，由此愚昧开始产生。所以大丈夫立身敦厚，不居于轻薄；存心朴实，不居于虚华。因此要舍弃轻薄虚华，做到朴实敦厚。

第三十九章

昔之得一①者：天得一以清，地得一以宁，神得一以灵②，谷得一以盈，万物得一以生，侯王得一以为天下正③。

其致之也④，谓⑤天无以清⑥，将恐裂；地无以宁，将恐废⑦；神无以灵，将恐歇⑧；谷无以盈，将恐竭⑨；万物无以生，将恐灭；侯王无以正，将恐蹶⑩。

故贵以贱为本，高以下为基。是以侯王自称⑪孤、寡、不谷⑫。此非以贱为本邪？非乎？故至誉无誉⑬。是故不欲琭琭⑭如玉，珞珞⑮如石。

【注释】①得一：即得道。②神得一以灵：神或指人；灵，灵性或灵妙。③正：一本作"贞"，意为首领。④其致之也：推而言之。⑤谓：假如说。⑥天无以清：天离开道，就得不到清明。⑦废：毁坏、倾圮倒塌。⑧歇：消失、灭绝、停止。⑨竭：干涸、枯竭。⑩蹶（jué）：跌倒、失败、挫折。⑪自称：一本作"自谓"。⑫孤、寡、不谷：古代帝王自称为"孤""寡人""不谷"。⑬至誉无誉：越是想急切地得到声誉，越是得不到声誉。⑭琭（lù）琭：形容玉美的样子。⑮珞（luò）珞：形容石头坚硬的样子。

【译文】往昔曾得到过道的：天得到道而清明，地得到道而宁静，神（人）得到道而灵妙，河谷得到道而充盈，万物得到道而生长，侯王得到道而成为天下的首领。推而言之，天不得清明，恐怕要崩裂；地不得安宁，恐怕要震溃；人不能保持灵性，恐怕要灭绝；河谷不能保持流水，恐怕要干涸；万物不能保持生长，恐怕要灭绝；侯王不能保持天下首领的地位，恐怕要被颠覆。所以，贵以贱为根本，高以下为基础，侯王们自称为"孤""寡""不谷"，这不就是以贱为根本吗？不是吗？所以越急切地想得到声誉，越是得不到声誉。所以不要求像晶莹的宝玉，宁愿如坚硬的山石。

三、朗诵训练

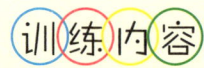

面朝大海，春暖花开
海 子

从明天起，做一个幸福的人
喂马、劈柴，周游世界
从明天起，关心粮食和蔬菜
我有一所房子，面朝大海，春暖花开

从明天起，和每一个亲人通信
告诉他们我的幸福
那幸福的闪电告诉我的
我将告诉每一个人

给每一条河每一座山取一个温暖的名字
陌生人，我也为你祝福
愿你有一个灿烂的前程
愿你有情人终成眷属
愿你在尘世获得幸福
我只愿面朝大海，春暖花开

训练提示

　　《面朝大海，春暖花开》是海子于1989年所写的一首抒情诗，距诗人卧轨自杀只有两个多月的时间。作者是属于"黑夜给了我黑色的眼睛，我却用它寻找光明"的"一代人"，亲身经历了从20世纪六七十年代轻物欲、重精神，到80年代末期的轻精神、重物欲的社会转型过程。面对现实，理想主义的作者困惑了，希望破灭了，觉得不能"诗意地栖居于世"了。同别人沉醉于物质生活享受的幸福感比较起来，他更多地感到来自内心分裂矛盾的痛苦。这首诗歌便是他人生痛苦体验的结晶。

第 二 课

一、即兴小品练习

无实物表演

在无道具情况下,设置情境,进行即兴表演。

写作业时停电了,点起蜡烛继续写。

训练提示

在无实物情境中,设置简单的障碍和矛盾,比如点蜡烛的火柴擦不出火等,不要只是简单地完成形体动作。

二、情声气结合训练——朗读《道德经》

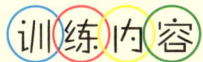

第四十章

反①者,道之动;弱②者,道之用。天下万物生于"有","有"生于"无"。

【注释】①反:循环往复。一说意为相反,对立面。②弱:柔弱、渺小。

【译文】循环往复的运动变化,是道的运动,道的作用是微妙、柔弱的。天下的万物产生于看得见的有形质,有形质又产生于不可见的无形质。

第四十一章

上士闻道,勤而行之;中士闻道,若存若亡;下士闻道,大笑之。不笑,不足以为道。故建言①有之:明道若昧,进道若退,夷道若颣②。上德若谷,广德若不足,建德若偷③,质真若渝④。大白若辱⑤,大方无隅⑥,大器晚成。大音希声,大象无形,道隐无名。夫唯道,善贷且成⑦。

【注释】①建言：立言。②夷道若颣（lèi）：夷，平坦；颣，崎岖不平、坎坷曲折。③建德若偷：刚健的德好像怠惰的样子。建，通健。偷，意为惰。④质真若渝：渝，变污。质朴而纯真好像浑浊污秽。⑤辱：黑垢。⑥大方无隅：隅，角落、墙角。最方正的东西却没有角。⑦善贷且成：贷，施与、给予，引申为帮助、辅助之意。此句意为善于帮助而且成就万物。

【译文】上士听了道，努力去实行；中士听了道，将信将疑；下士听了道，哈哈大笑。不被嘲笑，就不足以成为道。因此古时立言的人说过这样的话：光明的道好似暗昧，前进的道好似后退，平坦的道好似崎岖，崇高的德好似峡谷，广博的德好像不足，刚健的德好似怠惰，质朴而纯真好像浑浊污秽。最洁白的东西，反而含有污垢；最方正的东西，反而没有棱角；最大的声响，反而听来无声无息；最大的形象，反而没有形状。道幽隐而没有名称，无名无声。只有"道"，善于帮助而且成就万物。

第四十二章

道生一①，一生二②，二生三③，三生万物。万物负阴而抱阳④，冲气以为和⑤。人之所恶，唯孤、寡、不谷⑥，而王公以为称。故物或损之而益，或益之而损。人之所教，我亦教之。强梁者不得其死，吾将以为教父⑦。

【注释】①一：老子用数字"一"来代替道这一概念，即道是独立无偶的。②二：指阴气、阳气。"道"的本身包含着对立的两方面。阴阳二气的统一体即"道"。因此，对立的双方都包含在

"一"中。③三：即由两个对立的方面相互矛盾冲突所产生的第三者，进而生成万物。④负阴而抱阳：背阴而向阳。⑤冲气以为和：冲，冲突。此句意为阴阳二气互相冲突而形成和气。⑥孤、寡、不谷：都是古时候君主用以自称的谦词。⑦教父：父，有的学者解释为"始"，有的解释为"本"，有的解释为"规矩"。有根本和指导思想的意思。

【译文】道是独一无二的，道本身包含阴阳二气，阴阳二气相交冲而形成和谐之气，万物在这种状态中产生。万物背阴而向阳，并且在阴阳二气的互相激荡中形成新的和谐体。人们最厌恶的就是"孤""寡""不谷"，但王公却用这些来称呼自己。所以一切事物，可能减损了却反而使它得到增加；增加了却反而使它得到减损。别人这样教导我，我也这样去教导别人。强暴的人死无其所，我把这句话当作施教的宗旨。

三、朗诵训练

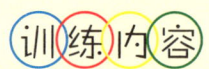

秋 颂

济慈

雾气洋溢，果实圆熟的秋，
你和成熟的太阳成为友伴；
你们密谋用累累的珠球，
缀满茅檐下的葡萄藤蔓；
使屋前的老树背负着苹果，
让熟味透进果实的心中，
使葫芦胀大，鼓起了榛子壳，
好塞进甜核；
又为了蜜蜂
一次一次开放过迟的花朵，
使它们以为日子将永远暖和，
因为夏季早填满它们黏巢。

谁不经常看见你伴着谷仓？
在田野里也可以把你找到，
你有时随意坐在打麦场上，
让发丝随着簸谷的风轻飘；
有时候，为罂粟花香所沉迷，
你倒卧在收割一半的田垄，
让镰刀歇在下一畦的花旁；
或者，像拾穗人越过小溪，

你昂首背着谷袋,投下倒影,
或者就在榨果架下坐几点钟,
你耐心地瞧着徐徐滴下的酒浆。

啊,春日的歌哪里去了?但不要
想这些吧,你也有你的音乐——
当波状的云把将逝的一天映照,
以胭红抹上残梗散碎的田野,
这时啊,河柳下的一群小飞虫
就同奏哀音,它们忽而飞高,
忽而下落,随着微风的起灭;
篱下的蟋蟀在歌唱,在园中
红胸的知更鸟就群起呼哨;
而群羊在山圈里高声默默咩叫;
丛飞的燕子在天空呢喃不歇。

第十级

第二课

013

训练提示

济慈，出生于18世纪末的伦敦，是杰出的英国诗人，也是浪漫派的主要成员。他善于运用描写手法创作诗歌，将多种情感与自然完美结合，从生活中寻找创作的灵感。他的诗篇能带给人们身临其境的感受。

1819年9月的一个星期天，诗人漫游乡野，感到空气清爽，收割过的田地显得特别温暖，回来后便写下了这首诗。诗人从可见的秋色、四野中的人一直写到了可闻的秋声，以色彩鲜明的笔调和活生生的形象，描绘出秋给大自然和人类带来的美好景象。诗中蕴含着生命的力量与热情，使得整部诗作的感染力极强。朗诵《秋颂》，感受在描绘景物细节时，作者的情感对于作品呈现的重要性。

第 三 课

一、即兴小品练习

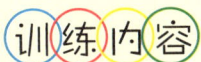

无对象交流

在无道具无他人情况下,设置情境,进行即兴表演。

走在街上,发现一个走失的孩子在哭,哄他、逗他、帮他回家。

训练提示

无对象不等于没有对象,表演时脑中要有清晰的对象的形象,并要有空间概念,把握好与对象的距离。

二、情声气结合训练——朗读《道德经》

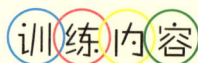

第四十三章

天下之至柔，驰骋①天下之至坚。无有入无间②。吾是以知无为之有益。不言之教，无为之益，天下希③及之。

【注释】①驰骋：形容马奔跑的样子。②无有入无间：无形的力量能够穿透没有间隙的东西。无有，指不见形象的东西。③希：一本作"稀"，稀少。

【译文】天下最柔弱的东西，可以腾越穿行于最坚硬的东西之中。无形的力量可以穿透没有间隙的东西。我因此认识到无为的益处。不言的教导，无为的好处，普天之下少有能赶上它的了。

第四十四章

名与身孰亲？身与货孰多①？得与亡孰病②？甚爱必大费③，多藏必厚亡④。故知足不辱，知止不殆，可以长久。

【注释】①多：贵重的意思。②得与亡孰病：得，指名利；亡，指丧失性命；病，有害。③甚爱必大费：过于爱名就必定要付出很大的代价。④多藏必厚亡：丰厚的藏货就必定会招致惨重的损失。

【译文】声名和生命相比哪一样更亲近？生命和财富比起来哪一样更贵重？获取和丢失相比哪一个更有害？过于爱名利就必定要付出更多的代价；过于积敛财富，必定会招致更为惨重的损失。所以说，懂得满足，就不会受到屈辱；懂得适可而止，就不会遇见危险，这样才可以保持长久的平安。

第四十五章

大成①若缺，其用不弊。大盈若冲②，其用不穷。大直若屈③，大巧若拙，大辩若讷④，大赢若绌。静胜躁，寒胜热。⑤清静，为天下正⑥。

【注释】①大成：最为完满的东西。②冲：虚，空虚。③屈：曲。④讷：笨嘴拙舌。⑤静胜躁，寒胜热：清静战胜躁动，寒冷战胜炎热。⑥正：通"政"。

【译文】最完满的东西，好似有残缺一样，但它的作用永远不会衰竭；最充盈的东西，好似空虚一样，但它的作用是不会穷尽的。最正直的东西，好似弯曲一样；最灵巧的东西，好似笨拙

一样；最卓越的辩才，好似不善言辞一样； 最大的赢利好似亏本一样。清静战胜躁动，寒冷战胜炎热。清静无为才能统治天下。

三、朗诵训练

天上的街市

郭沫若

远远的街灯明了，
好像闪着无数的明星。
天上的明星现了，
好像是点着无数的街灯。
我想那缥缈的空中，
定然有美丽的街市。
街市上陈列的一些物品，
定然是世上没有的珍奇。
你看，那浅浅的天河，
定然是不甚宽广。
那隔河的牛郎织女，
定能够骑着牛儿来往。
我想他们此刻，
定然在天街闲游。
不信，请看那朵流星，
是他们提着灯笼在走。

训练提示

郭沫若（1892—1978），原名郭开贞。现代文学家、历史学家、新诗奠基人之一、中国科学院首任院长、中国科学技术大学首任校长、苏联科学院外籍院士。

20世纪20年代初期，"五四运动"的洪波已经消退，大革命的时代尚未到来。半殖民地半封建的中国，依旧被帝国主义列强和他们豢养的各派军阀统治着。诗人在苦闷中彷徨，他不满现实，热切地憧憬着美好的未来，在灿烂星空的诱发下，写下了这首浪漫气息浓郁的《天上的街市》。

第四课

一、即兴小品练习

训练内容

无对象交流

在无道具无他人情况下，设置情境，进行即兴表演。

在超市叫卖商品，鲜有人问津，经过努力吸引来很多顾客。

训练提示

无对象不等于没有对象，表演时脑中要有清晰的对象的形象，并要有空间概念，把握好与对象的距离。通过动作、表情等细节的设计，丰富自己的表演。

二、情声气结合训练——朗读《道德经》

第四十六章

天下有道，却①走马以粪②；天下无道，戎马③生于郊④。祸莫大于不知足，咎莫大于欲得。故知足之足，常足矣⑤。

【注释】①却：退回。②走马以粪：粪，耕种，播种。此句意为用战马耕种田地。③戎马：战马。④生于郊：指母马生驹于郊外战地。⑤常足矣：永远满足。

【译文】治理天下合乎道，就可以做到太平安定，把战马退还到田间给农夫用来耕种。治理天下不合乎道，连怀胎的母马也要送上战场，在郊外的战场生下马驹。最大的祸害是不知足，最大的过失是贪得无厌。知道到什么地步就该满足的人，永远是满足的。

第四十七章

不出户，知天下；不窥牖①，见天道②。其出弥远，其知弥少。是以圣人不行而知，不见而明③，不为④而成。

【注释】①牖（yǒu）：窗户。②天道：日月星辰运行的自然规律。③不见而明：一本作"不见而名"。此句意为不窥见而明天道。④不为：无为、不妄为。

【译文】 不出门户，就能够推知天下的事理；不望窗外，就可以了解日月星辰运行的自然规律。向外奔逐得越远，所知道的道理就越少。所以，圣人不出行却能够推知事理，不眼见而能明了天道，不妄为而有所成就。

第四十八章

为学日益①，为道日损②。损之又损，以至于无为。无为而无不为。取③天下常以无事④，及其有事⑤，不足以取天下。

【注释】 ①为学日益：为学，探求、研究学问。此处的"学"当指政教礼乐。日益，指增加人的知见智巧。②为道日损：为道，通过冥想或体验的途径，领悟事物未分化状态的"道"。此处的"道"，指自然之道，无为之道。损，指主观意识、见解日渐泯损。③取：为，治理。④无事：即无扰攘之事。⑤有事：繁苛政举在骚扰民生。

【译文】 求学的人，其知见智巧要一天比一天增加；求道的人，其主观意识、见解等一天比一天减少。减少又减少，一直到无为的状态。如果能够做到无为，即不妄为，那么任何事情都可以有所作为。治理国家的人，要以不骚扰人民为治国之本，如果经常以繁苛之政扰害民众，那就不配治理国家了。

三、朗诵训练

我愿意是急流

裴多菲

我愿意是急流，
山里的小河，
在崎岖的路上、
岩石上经过……
只要我的爱人
是一条小鱼，
在我的浪花中
快乐地游来游去。

我愿意是荒林，
在河流的两岸，
对一阵阵的狂风，
勇敢地作战……
只要我的爱人
是一只小鸟，
在我的稠密的
树枝间做窠，鸣叫。

我愿意是废墟，
在峻峭的山岩上，
这静默的毁灭
并不使我懊丧……
只要我的爱人
是青青的常春藤，
沿着我荒凉的额，
亲密地攀援上升。

我愿意是草屋，
在深深的山谷底，
草屋的顶上
饱受风雨的打击……
只要我的爱人
是可爱的火焰，
在我的炉子里，
愉快地缓缓闪现。

我愿意是云朵，
是灰色的破旗，
在广漠的空中，
懒懒地飘来荡去，
只要我的爱人
是珊瑚似的夕阳，
傍着我苍白的脸，
显出鲜艳的辉煌。

训练提示

裴多菲（1823—1849），匈牙利19世纪最伟大的诗人之一，资产阶级民主主义革命家。他15岁开始写诗，题材多取自人民生活，一生共写了800多首诗和8篇长篇叙事诗，著名长诗有《使徒》《亚诺什勇士》等。他的诗歌充满革命激情，风格清新，语言通俗，富有民歌意味。其作品对匈牙利民族文学发展影响深远。

《我愿意是急流》是裴多菲献给未婚妻尤丽亚的一首情诗。诗人热情、真挚地向爱人倾诉衷肠，咏唱对爱情的渴望与坚贞。这首诗运用比喻和对比手法，表达诗人纯洁而坚贞、博大而无私的爱。朗诵这首诗，思考每个意象的含义。

第五课

一、即兴小品练习

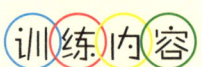

布置环境练习

设置场景，发挥想象，进行即兴表演。

用行动来证明这是什么地方，比如医院、学校、车站、森林、海滩……

训练提示

发挥想象，提前做观察人物的工作，表演时将所在地方的人物细节特征表现出来。

二、情声气结合训练——朗读《道德经》

第四十九章

圣人常无心①，以百姓之心为心。善者，吾善之；不善者，吾亦善之，德②善。信者，吾信之；不信者，吾亦信之，德信。圣人在天下，歙歙③焉，为天下浑其心④。百姓皆注其耳目⑤，圣人皆孩之⑥。

【注释】①常无心：一本作无常心。意为长久保持无私心。②德：通"得"。③歙（xī）：吸气。此处指收敛意欲。④浑其心：使人心思化归于浑朴。⑤百姓皆注其耳目：百姓都专注于自己的耳目欲望。⑥圣人皆孩之：圣人使百姓都回到婴孩般纯真质朴的状态。

【译文】圣人常常是没有私心的，以百姓的心为自己的心。对于善良的人，我善待他；对于不善良的人，我也善待他，这样就可以得到善良了，从而使人人向善。对于守信的人，我信任他；对于不守信的人，我也信任他，这样就可以得到诚信了，从而使人人守信。有道的圣人在其位，收敛自己的意欲，使天下人的心思归于浑朴。百姓都专注于自己的耳目欲望，圣人使他们都回到婴孩般纯朴的状态。

第五十章

出生入死①。生之徒②,十有三③;死之徒④,十有三;人之生,动之于死地,亦十有三。夫何故?以其生生之厚⑤。盖闻善摄生⑥者,陆行不遇兕⑦虎,入军不被甲兵⑧;兕无所投其角,虎无所措其爪,兵无所容其刃。夫何故?以其无死地⑨。

【注释】①出生入死:出世为生,入地为死。②生之徒:徒,应释为类。生之徒即长寿之人。③十有三:十分之三。④死之徒:夭折的人。⑤生生之厚:求生的欲望太强,因而奉养过于丰厚了。⑥摄生:指养生之道,即保养自己。⑦兕(sì):犀牛。⑧入军不被甲兵:战争中不被杀伤。⑨无死地:没有进入死亡范围。

【译文】人始于出世而生,终于入地而死。长寿的人有十分之三;短命而亡的人有十分之三;人本来可以活得长久些,却自己走向死亡之路,也占十分之三。为什么会这样呢?因为奉养过度了。据说,善于养护自己生命的人,在陆地上行走,不会遇到凶恶的犀牛和猛虎,在战争中也不会受到武器的伤害。犀牛对他无处投角，老虎对他无处伸爪，武器对他无处刺击利刃。为什么会这样呢？因为他没有进入死亡的领域。

三、朗诵训练

就是那一只蟋蟀

流沙河

中国台湾诗人Y先生说："在海外，夜间听到蟋蟀叫，就会以为那是在四川乡下听到的那一只。"

就是那一只蟋蟀
钢翅响拍着金风
一跳跳过了海峡
从台北上空悄悄降落
落在你的院子里
夜夜唱歌
就是那一只蟋蟀
在《豳风·七月》里唱过
在《唐风·蟋蟀》里唱过
在《古诗十九首》里唱过
在花木兰的织机旁唱过
在姜夔的词里唱过
劳人听过
思妇听过

就是那一只蟋蟀
在深山的驿道边唱过
在长城的烽台上唱过
在旅馆的天井中唱过
在战场的野草间唱过
孤客听过

伤兵听过

就是那一只蟋蟀
在你的记忆里唱歌
在我的记忆里唱歌
唱童年的惊喜
唱中年的寂寞
想起雕竹做笼
想起呼灯篱落
想起月饼
想起桂花
想起满腹珍珠的石榴果
想起故园飞黄叶
想起野塘剩残荷
想起雁南飞
想起田间一堆堆的草垛
想起妈妈唤我们回去加衣裳
想起岁月偷偷流去许多许多

就是那一只蟋蟀
在海峡这边唱歌
在海峡那边唱歌
在台北的一条巷子里唱歌
在四川的一个乡村里唱歌
在每个中国人脚迹所到之处
处处唱歌
比最单调的乐曲更单调
比最谐和的音响更谐和
凝成水
是露珠
燃成光
是萤火
变成鸟
是鹧鸪
啼叫在乡愁者的心窝

就是那一只蟋蟀
在你的窗外唱歌
在我的窗外唱歌
你在倾听
你在想念
我在倾听
我在吟哦
你该猜到我在吟些什么
我会猜到你在想些什么
中国人有中国人的心态
中国人有中国人的耳朵

训练提示

流沙河（1931—），原名余勋坦，四川金堂人，当代诗人，1931年11月11日生在成都，1935年迁回城厢镇槐树街老家。自幼习古文，做文言文。

据木斧先生《中国新诗鉴赏大辞典》介绍，中国台湾诗人余光中抗战期间在江北县悦来场读了5年中学，晚上在窗前做作业时，窗外常有蟋蟀伴唱。1982年6月他给流沙河的信中谈到这件事情说："当我怀念大陆的河山，我的心目中有江南，有闽南，也有无穷的四川。在海外，夜间听到蟋蟀叫，就会以为那是在四川乡下听到的那一只。"于是诗人流沙河有感而发，作《就是那一只蟋蟀》以为唱和。

第六课

一、即兴小品练习

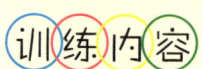 内容

布置环境练习

设置场景,发挥想象,进行即兴表演。

两人面对面走过,反复多次,要求每次用不同的态度、感觉来表现不同的地点环境、人物情绪,最好不说话或少说话。

训练提示

在面对面相遇时,尽力制造双方间的矛盾,进行即兴表演训练。

二、情声气结合训练——朗读《道德经》

训练内容

第五十一章

道生之，德畜之，物形之，势①成之。是以万物莫不尊道而贵德。道之尊，德之贵，夫莫之命而常自然②。故道生之，德畜之，长之育之，亭之毒之③，养④之覆⑤之。生而不有，为而不恃，长而不宰，是谓"玄德"⑥。

【注释】①势：万物生长的自然环境。②莫之命而常自然：不干涉或主宰万物，任万物自化自成。③亭之毒之：使万物结果成熟。一本作成之熟之。④养：抚育、养护。⑤覆：维护、保护。⑥玄德：即上德。

【译文】道生成万事万物，德养育万事万物。万物以各种各样的形态出现，环境使万事万物成长起来。故此，万事万物莫不尊崇道而珍视德。道之所以被尊崇，德之所以受到珍视，就是由于道和德对万物生长不加干涉，顺其自然。因而，道生长万物，德养育万物，使万物生长发展，成熟结果，使其受到抚养、保护。生成万物而不据为己有，抚育万物而不自恃有功，导引万物而不主宰，这就是奥妙玄远的德。

第五十二章

天下有始①，以为天下母②。既得其母，以知其子③；既知其子，复守其母。没身不殆。塞其兑，闭其门④，终身不勤⑤；开其兑，济其事⑥，终身不救。见小曰"明"⑦，守柔曰"强"⑧。用其光，复归其明⑨，无遗身殃⑩。是为"袭常"⑪。

【注释】 ①始：本始，此处指"道"。②母：根源，此处指"道"。③子：派生物，指由"母"所产生的万物。④塞其兑，闭其门：兑，指口，引申为孔穴；门，指门径。此句意为：塞住嗜欲的孔穴，关闭欲念的门径。⑤勤：劳作。⑥开其兑，济其事：打开嗜欲的孔穴，增加纷杂的事件。⑦见小曰"明"：小，细微。能察见细微，才叫作"明"。⑧强：强健，自强不息。⑨用其光，复归其明：光向外照射，明向内透亮。发光体本身为"明"，照向外物为"光"。⑩无遗身殃：不给自己带来麻烦和灾祸。⑪袭常：承袭常道。

【译文】 天地万物本身都有起始的道，这是天地万物的根源。既然得知了根源，就能认识万物，既然认识了万事万物，又把握着

万物的根本，那么终身都不会有危险。塞住欲念的孔穴，关闭欲念的门径，终身都不会有烦扰之事。如果打开欲念的孔穴，就会增添纷杂的事件，终身都不可救治。能够察见到细微的，叫作"明"；能够持守柔弱的，叫作"强"。运用其光芒，返照内在的明，不会给自己带来灾难，这就叫作万世不绝的"常道"。

三、朗诵训练

乘着歌声的翅膀

海　涅

乘着这歌声的翅膀
亲爱的随我前往
去到恒河的岸旁
最美丽的好地方
那花园里开满了红花
月亮在放射光辉
玉莲花在那儿等待
等她的小妹妹
玉莲花在那儿等待
等她的小妹妹
紫罗兰微笑地耳语
仰望着明亮的星
玫瑰花悄悄地讲着她芬芳的心情
那温柔而可爱的羚羊
跳过来细心倾听

远处那圣河的波涛
发出了喧嚣声
远处那圣河的波涛
发出了喧嚣声
我要和你双双降落
在那边椰子林中
享受着友谊和安静
做甜美幸福的梦
做甜美幸福的梦
幸福的梦

训练提示

海因里希·海涅（1797—1856），德国著名抒情诗人和散文家，被称为"德国古典文学的最后一位代表"。

诗人展开想象的翅膀，畅想印度恒河原野的迷人景色，仿佛可以闻到紫罗兰、玫瑰、白莲花的芳香，看到清澈的水波、碧绿的棕榈、月光下的花园，还有那善良的羚羊、心爱的人……这一切都融入歌声里、梦幻中，把人们带到了恬静、纯净、充满诗意的东方。迷人的异国情调就像一层轻柔的淡雾，飘逸在诗人所创造的这个神奇的世界里，而且全诗的色调透着一股秀气，像是怕着色太浓而破坏了这和谐里透着的温馨、甜蜜的气氛。诗人故意用淡淡的近乎"水彩"的笔墨，把这个恬静的天地描绘出来。朗诵这首诗，感受恬静、迷人的神奇东方。

第七课

一、即兴小品练习

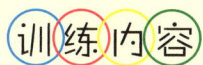

讲故事练习

结合实际,发挥想象,进行讲故事表演。

讲一个离奇怪诞的故事,一人或多人都可,边讲边演。

罗马尼亚摄影师Ionut Caras作品

训练提示

故事追求离奇怪诞,随心所欲,尽情发挥,不要求逻辑、意义。讲故事的同时要辅以形体语言。

二、情声气结合训练——朗读《道德经》

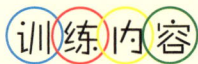

第五十三章

使我①介然有知②，行于大道，唯施③是畏。大道甚夷④，而人⑤好径⑥。朝甚除⑦，田甚芜，仓甚虚；服文采，带利剑，厌饮食⑧，财货有余，是谓盗竽⑨。非道也哉！

【注释】①我：指有道的圣人。老子在这里托言自己。②介然有知：介，微小。微有所知，稍有知识。③施：邪，斜行。④夷：平坦。⑤人：指人君。一本作"民"。⑥径：邪径。⑦朝甚除：朝政败坏。一说宫殿很整洁。⑧厌饮食：厌，饱足、满足、足够。饱得不愿再吃。⑨盗竽：竽又作夸，即大盗、盗魁。

【译文】假如我稍微有些知识，在大道上行走，就害怕走了邪路。大道虽然平坦，但人君却喜欢走邪径。朝政腐败至极，弄得农田荒芜，仓库十分空虚，而人君仍穿着锦绣的衣服，佩带着锋利的宝剑，饱餐精美的饮食，搜刮、占有富余的财物，这就叫作强盗头子。这是多么无道啊！

第五十四章

善建者不拔，善抱①者不脱，子孙以祭祀不辍②。修之于身，其德乃真；修之于家，其德乃余；修之于乡，其德乃长③；修之于邦④，其德乃丰；修之于天下，其德乃普。故以身观身，以家观家，以乡观乡，以邦观邦，以天下观天下。吾何以知天下然哉？以此。

【注释】①抱：抱住、固定、牢固。②子孙以祭祀不辍：辍，停止、断绝、终止。此句意为：如果子子孙孙都能够遵守"善建""善抱"的道理，后代的香火就不会终止。③长：尊崇。④邦：一本作"国"。

【译文】善于建树的人建造的东西不能拔除，善于抱持的人抱住的东西不会掉落，如果子孙能够遵循、守持这个道理，那么子子

孙孙就不会断绝。用道修养自身，他的德性就会是真实纯正的；用道修养自家，他的德性就会是丰盈有余的；用道修养自乡，他的德性就会受到尊崇；用道修养自邦，他的德性就会丰硕；用道修养天下，他的德性就会被普及。所以，以自身察看、观照别人，以自家察看、观照别家，以自乡察看、观照别乡，以自己的国家来认识其他的国家，以平天下之道察看、观照天下。我为什么能够了解天下的情况呢？就是凭借以上的方法和道理。

三、朗诵训练

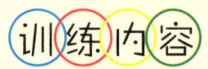

太阳的话

艾 青

打开你们的窗子吧，
打开你们的板门吧，
让我进去，让我进去，
进到你们的小屋里。
我带着金黄的花束，
我带着林间的香气，
我带着亮光和温暖，
我带着满身的露水。
快起来，快起来，
快从枕头里抬起头来，
睁开你的被睫毛盖着的眼，

让你的眼看见我的到来。
让你们的心像小小的木板房，
打开它们的关闭了很久的窗子，
让我把花束，把香气，把亮光，
温暖和露水撒满你们心的空间。

训练提示

艾青（1910—1996），中国现当代诗人。原名蒋海澄，笔名莪加、克阿、林壁等。浙江金华人。1928年入杭州西湖国立艺术院绘画系，翌年赴法国勤工俭学。1932年初回国，在上海加入中国左翼美术家联盟，从事革命文艺活动，不久被捕，在狱中写了不少诗，其中的《大堰河——我的保姆》发表后引起轰动，一举成名。

在《太阳的话》中，艾青用太阳象征光明和希望，用紧闭着门户的木板房比喻当时人民闭塞、陈旧、落后的生活环境，以第一人称指代太阳，呼唤国人改变现状、迎接光明。诗歌倾诉着民族的苦难，歌颂了祖国的战斗，渗透着时代气息，以满腔的热情唤起民众，鼓舞人民投身到拯救民族危亡的斗争中，改变现状，为中国开辟光明美好的前程。朗诵时注意激发内心真实情感，避免"演出"一个积极的状态。

一、即兴小品练习

声音变化练习

在不同空间、距离的条件下，进行角色声音变化的训练。

模仿不同年龄、性别、职业的人的声音；在远处或楼上楼下喊人，扩大声音传播范围。

在进行模仿声音训练时，注意不要硬挤、硬装、硬喊，应感受声音传送的距离，感受不同角色的声音变化。

二、情声气结合训练——朗读《道德经》

第五十五章

含德之厚,比于赤子。毒虫①不螫②,猛兽不据③,攫鸟④不搏⑤。骨弱筋柔而握固,未知牝牡之合而朘作⑥,精之至也。终日号而不嗄⑦,和之至也。知和曰"常"⑧,知常曰"明"。益生⑨曰"祥"⑩,心使气曰"强"⑪。物壮⑫则老,谓之不道。不道早已。

【注释】①毒虫:指蛇、蝎、蜂之类的有毒虫子。②螫(shì):毒虫子用毒刺螫人。③据:兽类用爪、足来攫取物品。④攫(jué)鸟:用脚爪抓取食物的鸟,例如鹰隼。⑤搏:鹰隼用爪击物。⑥朘(zuī)作:婴孩的生殖器勃起。⑦嗄(shà):噪音嘶哑。⑧常:指事物运作的规律。⑨益生:纵欲贪生。⑩祥:这里指妖祥、不祥的意思。⑪强:逞强、强暴。⑫壮:强壮。

【译文】道德涵养深厚的人,就好比初生的婴孩。毒虫不螫他,猛兽不伤害他,凶恶的鸟不攻击他。他的筋骨柔弱,但拳头却握得很牢固。他虽然不知道男女交合之事,但他的小生殖器却勃然举起,这是因为精气充沛的缘故。他整天啼哭,但嗓子却不会沙哑,这是因为阴阳和谐的缘故。了解阴阳的和谐就叫作永久,了解永久的奥妙就叫作明智。贪生纵欲就会遭殃,欲念主使精气就叫作

逞强。事物过于旺盛了就会变衰老，这就叫不合于道。不遵守常道就会很早死亡。

第五十六章

知者不言，言者不知①。挫其锐，解其纷，和其光，同其尘②，是谓"玄同"③。故不可得而亲，不可得而疏；不可得而利，不可得而害；不可得而贵，不可得而贱。故为天下贵。

【注释】①知者不言，言者不知：此句是说，知道的人不说，爱说的人不知道。另一种解释是，聪明的人不多说话，到处说长论短的人不聪明。此处采用第二种解释。②挫其锐，解其纷，和其光，同其尘：此句意为挫去人们的锐气，解决人们的纠纷，收敛人们的光耀，将其混同于尘世之中。③玄同：玄妙齐同，此处也是指"道"。

【译文】聪明的人不多说话，而到处说长论短的人不是聪明的人。挫去人们的锋芒，解决人们的纷争，收敛人们的光耀，将其混同于尘世之中,这就是深奥的"玄同"。达到"玄同"境界的人,已经超脱亲疏、利害、贵贱的世俗范围,所以就为天下人所尊重。

三、朗诵训练

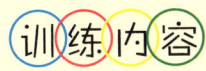

种种可能

维斯瓦娃·辛波丝卡

我偏爱电影。
我偏爱猫。
我偏爱华尔塔河沿岸的橡树。
我偏爱狄更斯胜过陀思妥耶夫斯基。
我偏爱我对人群的喜欢
胜过我对人类的爱。
我偏爱在手边摆放针线,以备不时之需。
我偏爱绿色。
我偏爱不把一切
都归咎于理性的想法。
我偏爱例外。
我偏爱及早离去。
我偏爱和医生聊些别的话题。
我偏爱线条细致的老式插画。
我偏爱写诗的荒谬
胜过不写诗的荒谬。

我偏爱，就爱情而言，可以天天庆祝的
不特定纪念日。
我偏爱不向我做任何
承诺的道德家。
我偏爱狡猾的仁慈胜过过度可信的那种。

我偏爱穿便服的地球。
我偏爱被征服的国家胜过征服者。
我偏爱有些保留。
我偏爱混乱的地狱胜过秩序井然的地狱。
我偏爱格林童话胜过报纸头版。
我偏爱不开花的叶子胜过不长叶子的花。
我偏爱尾巴没被截短的狗。
我偏爱淡色的眼睛，因为我是黑眼珠。
我偏爱书桌的抽屉。
我偏爱许多此处未提及的事物
胜过许多我也没有说到的事物。
我偏爱自由无拘的零
胜过排列在阿拉伯数字后面的零。
我偏爱昆虫的时间胜过星星的时间。
我偏爱敲击木头。
我偏爱不去问还要多久或什么时候。
我偏爱牢记此一可能——
存在的理由不假外求。

训练提示

维斯瓦娃·辛波丝卡（1923—2012），波兰女诗人，杰出的翻译家。她将许多优秀的法国诗歌翻译成波兰语，并于1996年荣获诺贝尔文学奖，其诗作被称赞"具有不同寻常和坚韧不拔的纯洁性和力量"。辛波丝卡一生创作了20部诗集，公开发表的诗歌约400首，是波兰最受欢迎的诗人之一。

辛波丝卡认为：生存是天赋人权，理应受到尊重。在《种种可能》一诗中，她对自己的价值观、生活品位、生命认知做了相当坦率的表白。从她偏爱的事物中，我们不难看出她恬淡自得、自在从容、悲悯敦厚、不迂腐的个性特质。每个人都是独立的自主个体，依附于每一个个体的"种种可能"正是人间的可爱之处。朗诵这首诗，注意排比之间的变化。

第九课

一、即兴小品练习

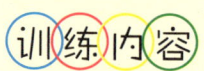

模仿人物练习

模仿不同角色，揣摩角色心理。

思考平常所见的不同性别、年龄、职业的人，模仿他们的日常状态。

训练提示

模仿人物前要做大量的人物观察练习，可以从身边人开始模仿，尽量不限于体态上的简单模仿，而是揣测人物的内心活动，并将其体现在表情、语言、动作上。

二、情声气结合训练——朗读《道德经》

训练内容

第五十七章

以正①治国，以奇②用兵，以无事取天下③。吾何以知其然哉？以此④：天下多忌讳⑤，而民弥贫；人⑥多利器⑦，国家滋昏；人多伎巧⑧，奇物⑨滋起；法令滋彰，盗贼多有。故圣人云："我无为，而民自化⑩；我好静，而民自正；我无事，而民自富；我无欲，而民自朴。"

【注释】①正：此处指无为、清静之道。②奇：奇巧、诡诈。③取天下：治理天下。④以此：以下面这段话为根据。⑤忌讳：禁忌、避讳。⑥人：一本作"民"，一本作"朝"。⑦利器：锋利的武器。⑧人多伎巧：伎巧，指技巧、智巧。此句意为人们的技巧很多。⑨奇物：邪事、奇事。⑩自化：自我化育。

【译文】治理国家要用清静无为之道，只有在用兵时才用奇巧诡诈的方法，治理天下则应该尽量不去骚扰百姓。我怎么知道是这样呢？根据就在于此：天下的禁忌越多，老百姓就越贫穷；人民的锋利武器越多，国家就越混乱；人们的技巧越多，邪风怪事就闹得越厉害；法令越是森严，盗贼就越多。所以有道的圣人说："我无为，人民就自我化育；我好静，人们就会自发地端正言行；我不妄加指挥，人民就自然富足；我没有贪欲，人民就自然淳朴。"

第五十八章

其政闷闷①，其民淳淳②；其政察察③，其民缺缺④。祸兮，福之所倚；福兮，祸之所伏。孰知其极？其无正也。⑤正复为奇，善复为妖。⑥人之迷，其日固久。⑦是以圣人方而不割⑧，廉而不刿⑨，直而不肆⑩，光而不耀⑪。

【注释】①闷闷：昏昏昧昧的状态，有宽厚的意思。②淳淳：一本作"沌沌"，淳朴厚道的意思。③察察：严厉、苛刻。④缺缺：狡黠、抱怨、不满足之意。⑤其无正也：其，指福、祸变换；正，标准、确定。此句意为它们并没有确定的标准。⑥正复为奇，善复为妖：正，方正、端正；奇，反常、邪；善，善良；妖，邪恶。此句意为正的变成邪的，善的变成恶的。⑦人之迷，其日固久：人们迷惑于福祸之间的关系，不明白它们循环相生的道理，为时已久了。⑧方而不割：方正而不割伤人。⑩廉而不刿（guì）：廉，锐利；刿，割伤。此句意为锐利而不伤害人。⑩直而不肆：直率而不放肆。⑪光而不耀：光亮而不刺眼。

【译文】政治宽厚清明，人民就淳朴忠诚；政治苛酷黑暗，人民就狡诈、抱怨。灾祸啊，幸福依傍在它的旁边；幸福啊，灾祸藏伏在它的里面。谁能知道究竟是灾祸还是幸福呢？它们并没有确定的标准。正的转变为邪的，善的转变为恶的。人们的迷惑，由来已久了。因此，有道的圣人方正而不生硬，有棱角而不伤害人，直率而不放肆，光亮而不刺眼。

三、朗诵训练

这也是一切

舒 婷

不是一切大树，
都被暴风折断；
不是一切种子，
都找不到生根的土壤；
不是一切真情，
都流失在人心的沙漠里；
不是一切梦想，
都甘愿被折掉翅膀。
不，不是一切
都像你说的那样！
不是一切火焰，
都只燃烧自己
而不把别人照亮；
不是一切星星，
都仅指示黑暗
而不报告曙光；
不是一切歌声，
都掠过耳旁
而不留在心上。

不，不是一切
都像你说的那样！
不是一切呼吁都没有回响；
不是一切损失都无法补偿；
不是一切深渊都是灭亡；
不是一切灭亡都覆盖在弱者头上；
不是一切心灵
都可以踩在脚下，烂在泥里；
不是一切后果
都是眼泪血印，而不展现欢容。
一切的现在都孕育着未来，
未来的一切都生长于它的昨天。
希望，而且为它斗争，
请把这一切放在你的肩上。

训练提示

舒婷，原名龚佩瑜，1952年出生于福建石码镇，中国当代女诗人，朦胧诗派的代表人物。从小随父母定居于厦门，1969年下乡插队，1972年返城当工人，1979年开始发表诗歌作品，1980年至福建省文联工作，从事专业写作。

舒婷在《这也是一切》中希望在这片荒原上耸立起一座未来希望的高峰，让四周的原野和群山都聚拢而来。舒婷希望通过此诗能重新唤起读者对未来的希望。

第十课

一、即兴小品练习

训练内容

设定情景，进行小品练习。

题目： 吃药

一个不常吃药的人，喝了几次水，药片仍然留在舌头上，搞得自己很苦恼。

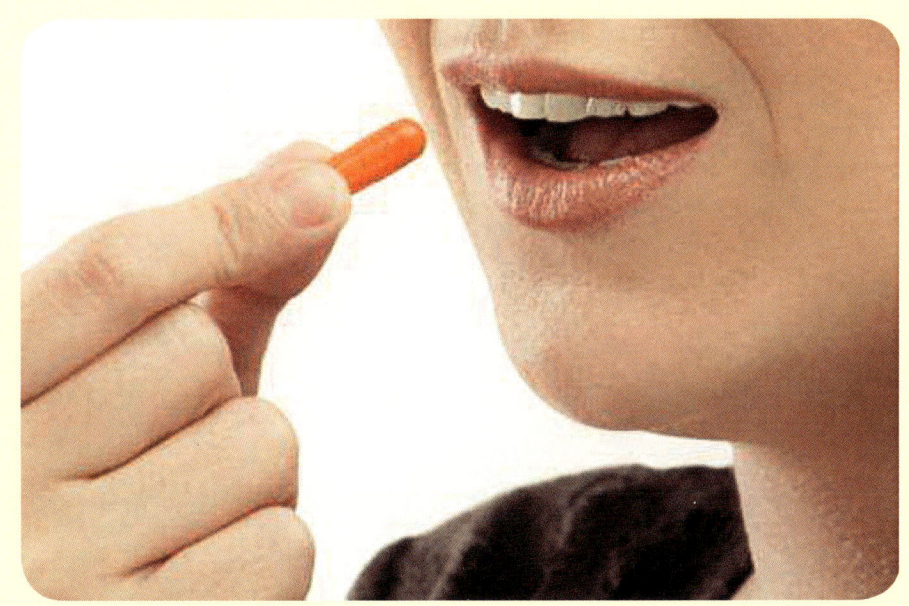

训练提示

在设置小品情节时，要注意生活场景的舞台转化，尽可能地让观众看出表演者所有的身体及心理变化。对于已设定场景，表演者可自己设定药是什么类型的药、喝的是什么样的水等元素，尽情发挥想象力。

二、情声气结合训练——朗读《道德经》

第五十九章

治人事天①，莫若啬②。夫唯啬，是谓早服③；早服，谓之重积德④；重积德，则无不克；无不克，则莫知其极；莫知其极，可以有国；有国之母⑤，可以长久。是谓根深固柢、长生久视⑥之道。

【注释】①治人事天：治人，治理百姓。事天，保守精气、养护身心。对"天"的解释有两种，一是指身心，一是指自然。②啬（sè）：爱惜、保养。③早服：趁早服从道。④重积德：不断地积德。⑤有国之母：有国，含有保国的意思。母，根本、原则。⑥长生久视：长久存在。

【译文】治理百姓和养护身心，没有比爱惜精神更为重要的了。正因为爱惜精神，所以要趁早服从道；趁早服从道，就是不断地积德；不断地积德，就没有什么不能攻克的；没有什么不能攻克的，那就无法知道他的极限；不知道他的极限，才可以担负治理国家的重任；掌握了治理国家的原则和道理，国家就可以长治久安。这就是根深蒂固、生机蓬勃的久存之道。

第六十章

治大国，若烹小鲜①。以道莅②天下，其鬼不神③。非④其鬼不神，其神不伤人；非其神不伤人，圣人亦不伤人，夫两不相伤⑤，故德交归焉⑥。

【注释】①小鲜：小鱼。②莅（lì）：管理。③其鬼不神：鬼怪就不能显灵了。④非：不唯、不仅。⑤两不相伤：鬼神和圣人都不伤害人。⑥故德交归焉：让百姓享受德的恩泽。

【译文】治理大国，好像煎烹小鱼。用道来治理天下，鬼神都不能显灵。鬼神不仅不能显灵，而且也伤不了人。不但鬼神伤害不了人，圣人有道也不会伤害人。鬼神和有道的圣人都不伤害人，就可以让百姓享受德的恩泽。

第六十一章

大邦①者下流，天下之牝，天下之交也。②牝常以静胜牡，以静为下。故大邦以下小邦，则取小邦；小邦以下大邦，则取大邦。故或下以取，或下而取③。大邦不过欲兼畜人④，小邦不过欲入事人，夫两者各得所欲。大者宜为下。

【注释】①邦：也可写作"国"。②天下之牝，天下之交也：也作"天下之交，天下之牝也"。交，汇集、汇总。③或下而取：下，谦下；取，取信。④兼畜人：把人聚在一起加以养护。

【译文】大国要像居于江河下游那样,使天下河流交汇在这里,处在天下雌柔的位置。雌柔常以安静守定胜过雄强,这是因为它处于下方的缘故。所以,大国对小国谦下忍让,就可以获得小国的信任和依赖;小国对大国谦下忍让,就可以见容于大国。所以,有时大国因对小国谦让而取得小国的信任,有时小国因对大国谦让而取信于大国。大国不过是想网罗小国,小国不过是想依附大国,双方各自得到自己想要的。大国更应该谦下忍让。

三、朗诵训练

像这样细细地听

茨维塔耶娃

像这样细细地听,如河口
凝神倾听自己的源头。
像这样深深地嗅,嗅一朵
小花,直到知觉化为乌有。

像这样,在蔚蓝的空气里
溶进了无底的渴望。
像这样,在床单的蔚蓝里
孩子遥望记忆的远方。

像这样,莲花般的少年
默默体验血的温泉。
……就像这样,与爱情相恋。
就像这样,落入深渊。

第十级 第十课

训练提示

"留白"是指在艺术作品中留下相应的空白,给欣赏者以想象的空间。留白这一手法,经常在朗诵创作中呈现,能使表达更具张力。本课选用俄罗斯著名女诗人茨维塔耶娃的《像这样细细地听》,让学生感受"留白"的作用。

玛琳娜·伊万诺夫娜·茨维塔耶娃，俄罗斯著名的诗人、散文家、剧作家。茨维塔耶娃的诗以生命和死亡、爱情和艺术、时代和祖国等为主题，被誉为不朽的、纪念碑式的诗篇。茨维塔耶娃在20世纪世界文学史上占有重要地位，被认为是20世纪俄罗斯最伟大的诗人。她一生遭遇坎坷，饱尝生活艰辛，又经历了多段跌宕起伏的爱情，最终留下大量精美的生命挽歌。

第十一课

一、即兴小品练习

训练内容

设定情景，进行小品练习。

题目： 搬东西

一个大个子高高兴兴地往新宿舍里搬东西。第一次进屋时碰了头，很疼。第二次搬东西进屋时，他又在原地碰了头，比第一次还要疼。

训练提示

这个小品的设置提升了难度，可能对于有些同学来说不会出现因为身高而碰头的情况，可以尝试表演被石头绊倒、冷不防踩空等情景。

二、情声气结合训练——朗读《道德经》

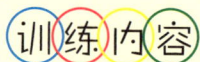

第六十二章

道者，万物之奥①。善人之宝，不善人之所保②。美言可以市尊③，美行可以加人④。人之不善，何弃之有？故立天子，置三公⑤，虽有拱璧以先驷马⑥，不如坐进此道⑦。古之所以贵此道者何？不曰：求以得⑧，有罪以免邪⑨？故为天下贵。

【注释】①奥：一种说法是深的意思，不被人看见的地方；另一种说法是藏，含有庇荫之意。其实两说比较接近，不必仅执其一。②不善人之所保：不善之人的依靠。③美言可以市尊：美好的言辞，可以换来别人对你的尊重。④美行可以加人：高尚的行为可以让你被人器重。⑤三公：太师、太傅、太保。⑥拱璧以先驷马：拱璧，指双手捧着贵重的玉；驷马，四匹马驾的车。古代的献礼，轻物在先，重物在后。⑦坐进此道：献上清静无为的道。⑧求以得：有求就可得到。⑨有罪以免邪：有罪的人得到道，可以免去罪过。

【译文】道是庇荫万物之所。善良之人珍视它，不善的人也可依靠它。美好的言辞可以换来别人对你的尊重，高尚的行为可以让你被人器重。不善的人怎能舍弃它呢？所以在天子即位、设置三公的时候，即使有拱璧在先驷马在后的献礼仪式，也不如把道进献给他们。自古以来，人们之所以把道看得这样宝贵，不正是因为求它庇护一定可以得到满足；有了罪过，也可以得到它的宽恕吗？就因为这个，天下人才如此珍视道。

第六十三章

为无为，事无事，味无味。①大小多少。②图难于其易，为大于其细。天下难事，必作于易；天下大事，必作于细。是以圣人终不为大③，故能成其大。夫轻诺必寡信，多易必多难。是以圣人犹难之，故终无难矣。

【注释】①为无为，事无事，味无味：此句意为把无为当作为，把无事当作事，把无味当作味。②大小多少：大生于小，多起于少。另一解释是大的看作小的，小的看作大的，多的看作少的，少的看作多的。还有一说是，去其大，取其小，去其多，取其少。③不为大：有道的人不自以为伟大。

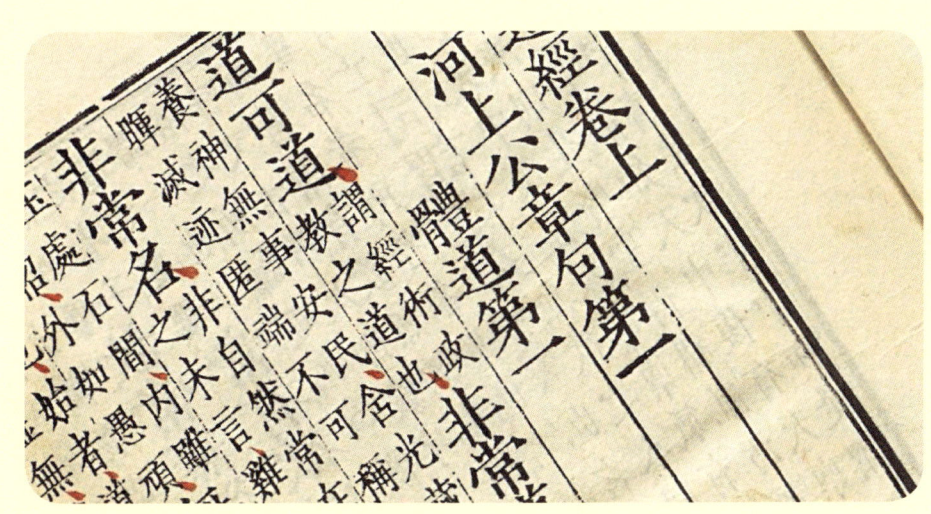

【译文】以无为的态度去有所作为，以不滋事的方法去处理事情，把恬淡无味当作有味。大生于小，多起于少。处理问题要从容易的地方入手，实现远大理想要从细微的地方入手。天下的难事，一定是从简易的地方做起的；天下的大事，一定是从细微的部分开端的。因此，圣人始终不自以为伟大，所以才能做成大事。轻易发出诺言的，必定很少能够兑现；把事情看得太容易的，势必遭受很多困难。因此，圣人总是看重困难，所以最终就没有困难了。

三、朗诵训练

阶　段

赫　塞

正如花会凋谢

正如青春消逝

生命的每一个阶段

亦复如是

生命

会在每一个阶段召唤我们

心啊

预备告别过去

重新开始

心啊

勇敢地寻找

寻找新的境地
我们必须离乡背井
否则便要受到终身监禁
心啊
就是这般
要不断
告别
辞行

训练提示

赫塞出生于德国，他的诗人天性似乎是与生俱来的。他在孤独的草原上成长，从小就显露出鲜明的性格，内向、顽固、激烈，令耐心的母亲都束手无策。由于家学渊博，他自小便习得音乐、文学及美艺，又因双亲在印度传教，外公更通晓梵文，他对东方文明有莫名的亲近感。

朗读时仔细体味作品，进入角色，进入情境，唤起听众的感情，使听众与自己同喜同悲同呼吸。

第十二课

一、即兴小品练习

训练内容

设定情景，进行小品练习。

题目：卖瓜人

一个卖西瓜的小商贩在街头向过路人吆喝着推销西瓜。他穿得不伦不类、语言油腔滑调，吆喝到口干舌燥，也没有一个人来光顾。他无可奈何，于是赌气砸开一个大西瓜，自己大口大口地吃起来。

训练提示

小品的构思与表演必须有一定的矛盾冲突。在规定情境下设置一个矛盾，表演就应围绕这个矛盾展开。有矛盾的开始，也有矛盾的化解，要求有合理的矛盾设计。

二、情声气结合训练——朗读《道德经》

训练内容

第六十四章

其安易持，其未兆易谋；其脆易泮①，其微易散。为之于未有，治之于未乱。合抱之木，生于毫末②；九层之台，起于累土③；千里之行，始于足下。民之从事，常于几成而败之。慎终如始，则无败事。

【注释】①其脆易泮（pàn）：泮，散、解。物品脆弱就容易消解。②毫末：细小的萌芽。③累土：堆土。

【译文】局面安定时容易保持和维护，事变没有出现迹象时容易图谋；事物脆弱时容易消解，事物细微时容易散失。做事情要在它尚未发生以前就处理妥当；治理国政，要在祸乱没有发生以前就做好准备。合抱的大树，生长于细小的萌芽；九层的高台，筑起于一堆泥土；千里的远行，是从脚下第一步开始走出来的。人们做事情，总是在快要成功时失败。所以当事情快要完成的时候，如果像开始时那样慎重，就没有办不成的事情。

第六十五章

古之善为道者，非以明民①，将以愚之②。民之难治，以其智③多。故以智治国，国之贼④；不以智治国，国之福。知此两者⑤，亦稽式⑥。常知稽式，是谓"玄德"。"玄德"深矣，远矣，与物反矣⑦，然后乃至大顺⑧。

【注释】①明民：明，知晓巧诈。明民，意为让人民知晓巧诈。②将以愚之：愚，敦厚、朴实，没有巧诈之心。此句意为使老百姓无巧诈之心，敦厚朴实、善良忠厚。③智：巧诈、奸诈，而非智慧、知识。④贼：祸患。⑤两者：指上文"以智治国，国之贼；不以智治国，国之福"。⑥稽式：法则，一本作"楷式"。⑦与物反矣：反，通"返"。此句意为德和万物复归于真朴。⑧大顺：顺应自然。

【译文】古代善于为道的人，不是教导人民知晓智巧伪诈，而是教导人民要淳厚朴实。百姓之所以难以统治，是因为他们使用太

多的智巧心机。所以用智巧心机治理国家，就必然会危害国家；不用智巧心机治理国家，才是国家的幸福。了解这两种治国方式的差别，就明白了治国的法则。经常了解这个法则，就叫作"玄德"。玄德又深又远，和万物复归于真朴，才能极大地顺乎自然。

三、朗诵训练

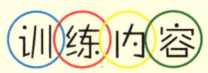

我已不再归去

胡安·拉蒙·希梅内斯

我已不再归去。
晴朗的夜晚温凉悄然，
凄凉的明月清辉下，
世界早已入睡。
我的躯体已不在那里，
而清凉的微风，
从敞开的窗户吹进来，
探问我的魂魄何在。
我久已不在此地，
不知是否有人还会把我记起，
有人会亲切地回想起我的过去。
但是还会有鲜花和星光，
叹息和希望，
和那大街上

浓密的树下情人的笑语。
还会响起钢琴的声音，
就像这寂静的夜晚常有的情景。
可在我住过的窗口，
不再会有人默默地倾听。

训练提示

胡安·拉蒙·希梅内斯生于西班牙乌埃瓦省的莫格尔，曾进入塞维利亚大学学习法律。1900年开始发表诗歌，1936年因西班牙内战爆发流亡国外，之后辗转迁居波多黎各。1956年凭借《我已不再归去》获得诺贝尔文学奖。诗人以一个亡灵的身份，将种种象征紧密地联系在一起，表达了对人世的热爱与留恋。

朗诵时发挥自己的想象，使作品内容在自己心中、眼前活动起来，就好像亲眼看到、亲身经历一样。

第十三课

一、即兴小品练习

训练内容

设定情景，进行小品练习。

题目：送礼

第一次提着礼物去"走后门"，托人情。在对方门口徘徊，内心矛盾重重，最后转身而去。

训练提示

表演者塑造的角色要有自己的个性，其中就包括角色冲突的自我控制所表现出的个性，正是控制的结果使表演更加生动与完美。表演者塑造的角色离不开表演者本身的烙印，表演者应在充分认识角色与自我之间的冲突之后，从角色出发，扬长避短，存同去异，达到自我与角色的融合，真正消解角色与自我的冲突。

二、情声气结合训练——朗读《道德经》

训练内容

第六十六章

江海所以能为百谷王①者，以其善下之，故能为百谷王。是以圣人②欲上民，必以言下之；欲先民，必以身后之。是以圣人处上而民不重③，处前而民不害。是以天下乐推而不厌。以其不争，故天下莫能与之争。

【注释】①百谷王：百川汇聚之地。②圣人：一本无此二字。③重：累，不堪重负。

【译文】江海所以能够成为百川汇流的地方，是因为它善于处在低下的地方，所以能够成为百川之王。因此，圣人想要领导人民，必须在言辞上对人民表示谦下；想要领导人民，必须把自己的利益放在他们的后面。所以，圣人虽然地位居于人民之上，但是人民并不感到负担沉重；圣人虽然地位居于人民之前，但人民并不感到受到危害。因此天下百姓都乐意拥戴他而不厌恶他。因为他不与人民相争，所以天下没有人能和他相争。

第六十七章

我有三宝①，持而保之：一曰慈，二曰俭②，三曰不敢为天下先。慈，故能勇③；俭，故能广④；不敢为天下先，故能成器长⑤。今舍慈且⑥勇，舍俭且广，舍后且先，死矣！夫慈，以战则胜⑦，以守则固。天将救之，以慈卫之。

【注释】①三宝：三件法宝或三条原则。②俭：啬，保守，有而不尽用。③慈，故能勇：仁慈，所以能够勇武。④俭，故能广：俭啬，所以能大方。⑤器长：器，指万物。万物之长。⑥且：取。⑦以战则胜：一本作"以阵则亡"。

【译文】我有三件法宝，守持和保存着：第一件叫作慈爱，第二件叫作俭啬，第三件是不敢居于天下人的前面。有了慈爱，所以能勇武；有了俭啬，所以能大方；不敢居于天下人之前，所以能成为万物之长。现在丢弃了慈爱而追求勇武，丢弃了俭啬而追求大

方，舍弃了退让而求争先，结果是走向死亡！慈爱，用来征战，就能够取胜，用来守卫就能稳固。天要援助谁，就用慈爱来保护他。

三、朗诵训练

我不知道风是在哪一个方向吹

徐志摩

我不知道风
是在哪一个方向吹——
我是在梦中，
在梦的轻波里依洄。

我不知道风
是在哪一个方向吹——
我是在梦中，
她的温存，我的迷醉。

我不知道风
是在哪一个方向吹——
我是在梦中，
甜美是梦里的光辉。

我不知道风
是在哪一个方向吹——
我是在梦中，
她的负心，我的伤悲。

我不知道风
是在哪一个方向吹——
我是在梦中,
在梦的悲哀里心碎!
我不知道风
是在哪一个方向吹——
我是在梦中,
黯淡是梦里的光辉。

训练提示

　　《我不知道风是在哪一个方向吹》是现代著名诗人徐志摩1928年写的一首抒情诗。全诗共六节,每节的前三句相同,辗转反复,余音袅袅,诗中用这种刻意经营的旋律组合,渲染了"梦"的氛围,也给吟唱者添上几分"梦"态。朗诵全诗,表达作者追求的那种"回到生命本体中去"的诗歌理想。

　　徐志摩,现代诗人、散文家。1921年赴英国留学,入伦敦剑桥大学当特别生,研究政治经济学。在剑桥的两年,他深受西方教育的熏陶及欧美浪漫主义和唯美诗派的影响。徐志摩的诗字句清新、韵律和谐、比喻新奇、想象丰富、意境优美、神思飘逸、富于变化,并追求艺术形式的整饬、华美,具有鲜明的艺术个性,因而成为新月派的代表诗人。他的散文也自成一格,取得了不亚于诗歌的成就。

第十四课

一、即兴小品练习

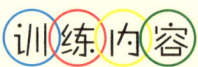

设置情景，进行小品练习。

题目： 考试之前

一个报考表演专业的考生，在考场外一边紧张地准备朗诵考试，一边注意考场里面的情况，等待着被招呼进去参加考试。终于叫到他了，他战战兢兢地推开门……

训练提示

大家一定非常熟悉紧张的情绪，回忆一下自己或者身边人紧张时所表现出来的状态。设置冲突，发挥想象力还原考试前内心的变化。

二、情声气结合训练——朗读《道德经》

训练内容

第六十八章

善为士者①，不武；善战者，不怒；善胜敌者，不与②；善用人者，为之下。是谓不争之德，是谓用人之力，是谓配天③，古之极④也。

【注释】①善为士者：士，即卿士，这里作将帅讲。此句意为善作将帅的人。②不与：意为不争，不正面冲突。③配天：符合天道。④极：最高的法则。

【译文】善于当统帅的人，不逞其勇武；善于打仗的人，不轻易被激怒；善于胜敌的人，不与敌人正面冲突；善于用人的人，对人谦下。这叫作不与人争的品德，这叫作善于用人的能力，这叫作符合天道，是古代最高的法则。

第六十九章

用兵有言："吾不敢为主①，而为客②；不敢进寸，而退尺。"是谓行无行③；攘无臂④；扔无敌⑤；执无兵⑥。祸莫大于轻敌，轻敌几丧吾宝。故抗兵相若⑦，哀⑧者胜矣。

【注释】①为主：主动进攻，进犯敌人。②为客：被动退守，不得已而应敌。③行无行：行，行列、阵势。此句意为虽然有阵势，却像没有阵势可摆一样。④攘无臂：此句意为虽然要奋臂，却像没有臂膀可举一样。⑤扔无敌：此句意为虽然面临敌人，却像没有敌人可打一样。⑥执无兵：兵，兵器。此句意为虽然有兵器，却像没有兵器可执一样。⑦抗兵相若：此句意为两军实力相当。⑧哀：悲哀，指受攻击、受侵略的一方。

【译文】用兵的人曾经这样说："我不敢主动进犯，而采取守势；不敢前进一步，而宁可后退一尺。"这就叫作虽然有阵势，却像没有阵势可摆一样；虽然要奋臂，却像没有臂膀可举一样；

虽然面临敌人，却像没有敌人可打一样；虽然有兵器，却像没有兵器可执一样。祸患没有比轻敌更大的了，轻敌几乎丧失了我的"三宝"。所以，两军实力相当的时候，受侵略的一方可以获得胜利。

三、朗诵训练

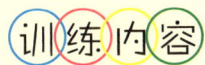

我曾七次鄙视自己的灵魂

纪伯伦

第一次，当它本可进取时，却故作谦卑；

第二次，当它在空虚时，用爱欲来填充；

第三次，在困难和容易之间，它选择了容易；

第四次，它犯了错，却借由别人也会犯错来宽慰自己；

第五次，它自由软弱，却把它认为是生命的坚韧；

第六次，当它鄙夷一张丑恶的嘴脸时，却不知那正是自己面具中的一副；

第七次，它侧身于生活的污泥中，虽不甘心，却又畏首畏尾。

纪·哈·纪伯伦是美籍黎巴嫩作家，被称为"艺术天才""黎巴嫩文坛骄子"，是阿拉伯文学的主要奠基人，20世纪阿拉伯新文学道路的开拓者之一。其作品蕴含了丰富的社会性和东方精神，不以情节为重，旨在抒发丰富的情感。纪伯伦和鲁迅、泰戈尔一样，是近代东方文学走向世界的先驱。

《我曾七次鄙视自己的灵魂》是纪伯伦以"自己的灵魂"为名,看穿人性所共有弱点的一首诗。诗句简单有力,发人深省,督促人们追求更高的精神境界,呼吁人们涤荡自己的灵魂,唾弃丑恶,追求高尚。通过朗诵这首诗,有力地唤起人们的反思。

第十五课

一、即兴小品练习

训练内容

设置情景，进行小品练习。从本课开始可以进行两人或多人练习。

题目： 闯红灯之后

交警正在值勤，一骑车人因急着回家看球赛，闯了红灯。交警叫住他以后，他迅速主动地交出罚款。交警却慢条斯理地给他讲道理。违章人急得不行，连连点头承认错误。但交警感到他根本没听进去，还是慢条斯理地讲解着违章行车的危险性。

训练提示

这是一个两人的小品练习,要花一点时间设计冲突点,同时还要有一个相应的表演环境。两位同学要交流自己的想法,在表演过程中将矛盾冲突充分地表现出来。

二、情声气结合训练——朗读《道德经》

训练内容

第七十章

吾言甚易知,甚易行。天下莫能知,莫能行。言有宗①,事有君②。夫唯无知③,是以不我知。知我者希,则④我者贵。是以圣人被褐⑤而怀玉⑥。

【注释】①言有宗:言论有一定的根据。②事有君:办事有一定的主旨。君,主旨。一本"君"作"主"。③无知:指别人不理解。④则:法则。此处用作动词,意为效法。⑤被褐:"被"通"披",穿着;褐,粗布。⑥怀玉:玉,美玉,此处引申为知识和才能。此句意为怀揣着知识和才能。

【译文】我的话很容易理解,很容易实行。但是天下竟没有谁能理解,没有谁能实行。言论有根据,行事有主旨。人们不懂得这个道理,因此才不理解我。能理解我的人很少,能效法于我的人就更难得了。因此圣人总是穿着粗布衣服,怀里揣着美玉。

第七十一章

知不知①，尚②矣；不知知③，病也。圣人不病，以其病病④。夫唯病病，是以不病。

【注释】①知不知：注解家们一般对此句有两种解释，一说知道却不自以为知道，一说知道自己有所不知。②尚：通"上"。③不知知：不知道却自以为知道。④病病：病，祸患。把祸患当作祸患。

【译文】知道自己还有所不知，这是很高明的。不知道却自以为知道，这就是祸患。有道的圣人没有祸患，因为他早已知道祸患就是祸患。正因为他把祸患当作祸患，认真对待，及时处理，所以就没有祸患。

三、朗诵训练

 训练内容

我骄傲，我是中国人

王怀让

在无数蓝色的眼睛和褐色的眼睛之中，
我有着一双宝石般的黑色眼睛，
我骄傲，我是中国人！
在无数白色的皮肤和黑色的皮肤之中，
我有着大地般黄色的皮肤，
我骄傲，我是中国人！
我是中国人——
黄土高原是我挺起的胸脯，
黄河流水是我沸腾的血液，
长城是我扬起的手臂，
泰山是我站立的脚跟。
我是中国人——
我的祖先最早走出森林，
我的祖先最早开始耕耘，
我是指南针、印刷术的后裔，
我是圆周率、地动仪的子孙。
我是中国人——
在我的民族中，
不光有史册上万古不朽的

孔夫子、司马迁、李自成、孙中山，
还有那文学史上万古不朽的
花木兰、林黛玉、孙悟空、鲁智深。
我骄傲，我是中国人！
我是中国人——
在我的国土上，
不光有雷电轰击不倒的长白雪山、黄山劲松，
还有那风雨不灭的井冈传统、延安精神！
我骄傲，我是中国人！
我是中国人——
我那黄河一样粗犷的声音，
不光响在联合国的大厦里，
大声发表着中国的议论，
也响在奥林匹克的赛场上，
大声高喊着"中国得分"！
当掌声把五星红旗送上蓝天，
我骄傲，我是中国人！
我是中国人——
我那长城一样的巨大手臂，
不光把采油钻杆钻进外国人预言打不出石油的地心；
也把通信卫星送上祖先们
梦里也没有到过的太空。
当五大洲倾听东方声音的时候，
我骄傲，我是中国人！
我是中国人——
我是莫高窟壁画的传人，
让那翩翩欲飞的壁画与我们同往。

我们就是飞天，

飞天就是我们。

我骄傲，我是中国人！

训练提示

王怀让，当代诗人，中国作家协会会员。王怀让是一位史诗意识强烈的诗人，他的诗作因鲜明的人民性和时代感而受到读者的广泛欢迎。他在诗歌创作中主张把中华民族优秀的文化传统和改革开放的现代意识结合起来，开创了一种既植根于深厚的生活土壤，又遨游于广阔的理想天空的诗风。

爱国主义诗歌在创作、朗诵时，常常会出现"高平空"的问题，即过于夸张，容易给人装腔作势、假情假意的感觉，这种表达不真实，不自然。朗诵具有表演成分，但最终我们追求的是使听者听之入耳、听之入心、听之动情。朗诵《我骄傲，我是中国人》，呼唤内心真真切切的爱国之情。

第十六课

一、即兴小品练习

训练内容

设置情景，进行双人或多人小品练习。

题目：打针

一个护士给一个病人抽血，扎了好多针也找不到病人的血管。病人疼得厉害，但也只得忍耐。抽完血以后，病人对护士说："您以前是缝鞋匠吧。"然后转身走了。

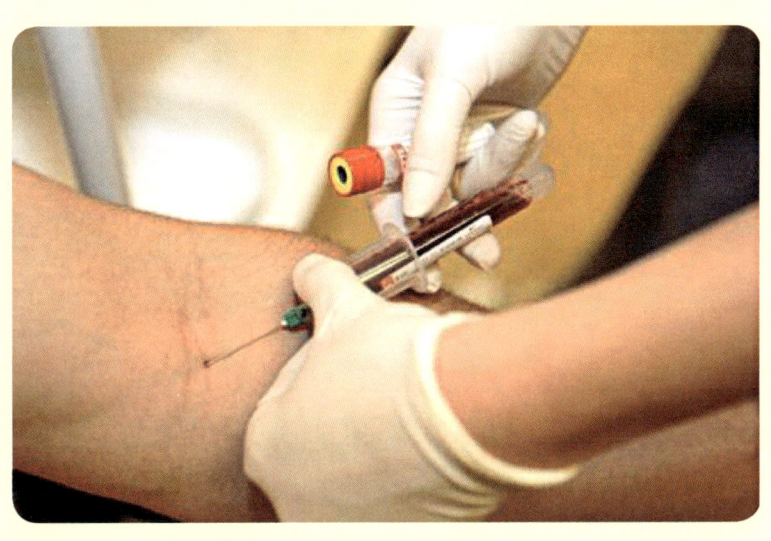

训练提示

面对难度逐渐加大的训练题目，要明确自己作为表演者是情景表演的中心，即使演的是一个很小的角色。只有主动思考、感受，积极地组织内外部动作，你所扮演的人物才会处于主动地位。

二、情声气结合训练——朗读《道德经》

 训练内容

第七十二章

民不畏威①，则大威②至。无狎③其所居，无厌④其所生。夫唯不厌，是以不厌⑤。是以圣人自知不自见⑥，自爱不自贵⑦。故去彼取此⑧。

【注释】①民不畏威：威，指统治者的镇压和威慑。此句意为百姓不畏惧统治者的高压政策。②威：指人民的反抗斗争。③无狎：狎，通"狭"，意为压迫、逼迫。无狎，即不要逼迫的意思。④厌：通"压"，压迫、阻塞。⑤厌：指人民对统治者的厌恶和反抗。⑥不自见：不自我表现，不自我显示。⑦自爱不自贵：指圣人但求自爱而不求自显高贵。⑧去彼取此：指舍去"自见""自贵"，而取"自知""自爱"。

【译文】当人民不畏惧统治者的威压时，那么可怕的祸乱就要到来了。不要逼迫人民不得安居，不要阻塞人民谋生的道路。只有不压迫人民，人民才不厌恶统治者。因此，圣人不但有自知之明，而且也不自我表现；有自爱之心也不自显高贵。所以要舍弃后者（自见、自贵）而保持前者（自知、自爱）。

第七十三章

勇于敢则杀，勇于不敢则活。①此两者，或利或害。天之所恶，孰知其故？天之道②，不争而善胜，不言而善应，不召而自来，繟然③而善谋。天网恢恢④，疏而不失⑤。

【注释】①勇于敢则杀，勇于不敢则活：敢，进取；不敢，柔弱、谦让。此句意为勇于进取就会死，勇于谦让就可以活命。②天之道：指自然的规律。③繟（chǎn）然：安然、坦然。④天网恢恢：天网，指自然的范围；恢恢，广大、宽广无边。⑤疏而不失：虽然宽疏但并不漏失。

【译文】勇于进取就会死，勇于谦让就可以活，这二者，有的得利，有的受害。天道厌恶的一方，谁知道其中的缘故？有道的圣人也难以解说明白。自然的规律是，不斗争而善于取胜，不言语而善于回应，不召唤而自动到来，坦然舒缓而善于安排筹划。天网宽广无边，虽然宽疏但并不漏失。

第七十四章

民不畏死，奈何以死惧之？若使民常畏死，而为奇①者，吾得执②而杀之，孰敢？常有司杀者③杀。夫代司杀者④杀，是谓代大匠斫⑤。夫代大匠斫者，希有不伤其手矣。

【注释】①为奇：奇，奇诡、诡异。为奇指作奸犯科。②执：拘押。③司杀者：指专管杀人的人。④代司杀者：代替专管杀人的人。⑤斫（zhuó）：砍、削。

【译文】人民不畏惧死亡，为什么用死来吓唬他们呢？假如人民真的畏惧死亡的话，对于为非作歹的人，我们就把他抓来杀掉。这样谁还敢为非作歹？经常有专管杀人的人去执行杀人的任务。如果代替专管杀人的人去杀人，就如同代替高明的木匠去砍木头。那代替高明的木匠砍木头的人，很少有不砍伤自己手指头的。

三、朗诵训练

沁园春·长沙

毛泽东

独立寒秋，湘江北去，橘子洲头。看万山红遍，层林尽染；漫江碧透，百舸争流。鹰击长空，鱼翔浅底，万类霜天竞自由。怅寥廓，问苍茫大地，谁主沉浮？

携来百侣曾游，忆往昔峥嵘岁月稠。恰同学少年，风华正茂；书生意气，挥斥方遒。指点江山，激扬文字，粪土当年万户侯。曾记否，到中流击水，浪遏飞舟？

训练提示

1925年，毛泽东回到湖南从事革命活动，重游了学生时代常游的岳麓山、橘子洲等地。而立之年的他，站在橘子洲头，回忆自己的前半生：从1911年到1925年，他曾数度在长沙学习、工作和从事革命活动。在这峥嵘岁月里，毛泽东和他的同学蔡和森、何叔衡等立志救国的知识青年正值青春年少，神采飞扬，才华横溢，意气风发，热情奔放，面对万山红遍的美景，他们既赞叹锦绣河山的壮美，又悲愤大好河山的沉沦。于是，他们发表激浊扬清的文章，抨击黑暗，宣扬真理，视当时的"万户侯"——军阀如粪土。这一段描写形象地概括了青年时期的毛泽东和其战友雄姿英发的战斗风貌和豪迈气概。

一、即兴小品练习

训练内容

设置情景,进行多人小品即兴练习。

题目:公园的早晨

年龄不同、身份不同的人聚集在公园的一角。有的遛鸟,有的聊天,有的教拳,有的练拳,也有的练着自己自创的健身术,大家都兴致勃勃的。突然有人唱起了京剧,一个遛鸟的人惊讶地指出:这是某知名演员。于是大家都不约而同地停了下来,慢慢聚拢过去。

训练提示

"转折点"是一个突然发生变化的时间点。突发事件结束了一种状态,引入另一个新的事件。转折点需要人物在行动中做出某种决定,从而在表演中形成一个新的目标。好的即兴表演会包含很多转折点。

二、情声气结合训练——朗读《道德经》

第七十五章

民之饥,以其上食税之多,是以饥。民之难治,以其上之有为①,是以难治。民之轻死,以其上求生之厚②,是以轻死。夫唯无以生为③者,是贤④于贵生⑤。

【注释】①有为:繁苛的政治,统治者强作妄为。②以其上求生之厚:由于统治者奉养过于丰厚奢侈。③无以生为:不要使生活上的奉养过分奢侈丰厚。④贤:胜过、超过。⑤贵生:厚养生命。

【译文】人民之所以遭受饥荒,是因为统治者侵吞赋税太多,所以人民才陷于饥饿之中。人民之所以难以统治,是因为统治者政令繁苛、胡作非为,所以难以治理。人民之所以轻生冒死,是因为统治者为了奉养自己,把民脂民膏都搜刮净了,所以人民觉得死了不算什么。只有不追求奢侈享受的人,才比奉养奢华的人高明。

第七十六章

人之生也柔弱,其死也坚强①;草木之生也柔脆,其死也枯槁②。故坚强者死之徒,柔弱者生之徒。是以兵强则灭③,木强则折④。强大处下,柔弱处上。

【注释】①坚强:坚硬发僵。②枯槁:干枯。③灭:覆灭。④折:折断。

【译文】人生下来时身体是柔软脆弱的,死后身体是僵硬的;草木生长时是柔软脆弱的,死后是干枯的。所以坚强的是死者,柔弱的是生者。因此,军队强暴就要覆灭,树木强盛就要被折断。强大的处下风,柔弱的反而居上风。

第七十七章

天之道，其犹张弓与？高者抑①之，下者举之；有余者损②之，不足者补之。天之道，损有余而补不足；人之道则不然，损不足以奉③有余。孰能有余以奉天下？唯有道者。

【注释】①抑：向下压制。②损：减少。③奉：奉献，奉养。

【译文】自然的规律，就如同张弓射箭一样吧？弦拉高了就得向下压低，低了就向上举高一些，力量大了就要减少力量，力量不够了就要增加力量。自然的规律，是减少富余的，补充不足的。可是社会的法则就不是这样了，要减少不足的而供养富余的。那么谁能在富余的时候奉养天下不足的人？只有得道之人才可以做到。

三、朗诵训练

我记得那美妙的一瞬

普希金

我记得那美妙的一瞬，
在我的面前出现了你，
有如昙花一现的幻想，
有如纯洁至美的精灵。

在那无望的忧愁的折磨中，
在那喧闹的浮华生活的困扰中，
我的耳边长久地响着你温柔的声音，
我还在睡梦中见到你可爱的倩影。
许多年过去了，暴风骤雨般的激情
驱散了往日的梦想，
于是我忘却了你温柔的声音，
还有你那天仙似的倩影。
在穷乡僻壤，在囚禁的阴暗生活中，
我的日子就那样静静地消逝，
没有倾心的人，没有诗的灵感，
没有眼泪，没有生命，也没有爱情。
如今心灵又开始苏醒：
在我面前又重新出现了你，
有如昙花一现的幻影，
有如纯洁至美的天仙。
我的心在狂喜中跳跃，
心中的一切又重新苏醒，
有了倾心的人，有了诗的灵感，
有了生命，有了眼泪，也有了爱情。

训练提示

　　《我记得那美妙的一瞬》虽然记述了个人生活中的一段经历，但它的意境远远超过了个人的感受。它迷人的艺术感染力使其升华为对美的心灵的赞歌。正因为如此，它不完全是仅供情人独自欣赏的情书，而是具有更博大意义的作品。朗诵这类作品，一定要探寻作者写作的背景和内心依据，感受其中的魅力。

普希金是俄国著名文学家、诗人、小说家，现代俄国文学的创始人，19世纪俄国浪漫主义文学主要代表，同时也是现实主义文学的奠基人、现代标准俄语的创始人，被誉为"俄国文学之父"、"俄国诗歌的太阳"（高尔基）、"青铜骑士"。

第十八课

一、即兴小品练习

训练内容

设置情景，进行多人小品即兴练习。

题目：看榜

某戏剧学院的大门口，考生们在焦急地等待着表演复试成绩发榜。一位母亲给儿子买来冰淇淋，一位姐姐在轻声地安慰着情绪低落的弟弟，一个考生在高谈阔论，自以为一定能考上，而大多数考生都默默地等候着发榜。榜张贴出来了，大家立刻活跃起来。有的互相祝贺，有的互相安慰，有的悄然离去。刚才情绪低落的弟弟榜上有名，而那位高谈阔论者却没有考上。

训练提示

这是本级最后一课,在日后的训练中,还有很多的表演内容需要同学们去挖掘,还要培养精神集中力、思考能力、阅读能力以及描述能力,等等。期望同学们能够多观察人物,多观摩优秀作品,提升对表演艺术的兴趣和鉴赏能力。

二、情声气结合训练——朗读《道德经》

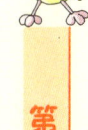

> **第七十八章**
>
> 天下莫柔弱于水,而攻坚强者莫之能胜,以其无以易①之。弱之胜强,柔之胜刚,天下莫不知,莫能行。是以圣人云:"受国之垢②,是谓社稷主③;受国不祥④,是为天下王。"正言若反。

【注释】①易:代替。②受国之垢:指为民族大业忍辱负重。③社稷主:国君。④受国不祥:为天下人承担灾祸。

【译文】天下没有比水还柔弱的了,然而攻击坚固强硬的东西时却没有可以胜过水的,所以水才无可替代。弱胜过强,柔胜过刚,天下没有人不知道的,却没有人能实行。圣人说:"为民族大业忍辱负重的人才能成为国君,为天下人承担灾祸的人才是天下的君王。"这正面的话听起来像反话。

第七十九章

和①大怨，必有余怨，报怨以德②，安可以为善？是以圣人执左契③，而不责④于人。有德司契⑤，无德司彻⑥。天道无亲，常与善人。

【注释】①和：和解。②报怨以德：用德来报答怨恨。③左契：指领导权。④责：追究责任。⑤司契：掌握领导权。⑥司彻：负责处理领导交代的具体任务。

【译文】和解深重的怨恨，必然还有遗留的怨恨。用德来报答怨恨，怎么能是妥善的办法呢？圣人只管掌握领导权但不具体向人追究责任。有德的人掌管领导权，无德的人负责处理领导交代的具体任务。天道没有偏爱，常常帮助善人。

第八十章

小国寡民①。使有什伯之器②而不用，使民重死③而不远徙④。虽有舟舆⑤，无所乘⑥之；虽有甲兵，无所陈⑦之。使民复结绳⑧而用之。甘其食，美其服，安其居，乐其俗。邻国相望，鸡犬之声相闻，民至老死，不相往来。

【注释】①小国寡民：使国家变小，使人民变少。②什伯之器：各种各样的器具。③重死：重视死亡。④徙：迁徙，指出国。⑤舟舆：船和车。⑥乘：乘坐。⑦陈：陈列。⑧结绳：结绳记事，一种记事方式。

【译文】使国家小，使百姓少。即使有各种各样的器具也不用，使人民重视死亡而从不迁徙出国。虽然有车有船，却没有乘坐的必要；虽然有坚固锐利的武器，却没有可陈列的地方。使人民回到结绳记事的状态。人民的生活是享受甜美的食物、美丽的衣服、安定的居处、快乐的习俗。邻国可以相互望见，鸡狗的叫声可以相互听见，各国百姓直到老死，也不相互来往。

第八十一章

信言①不美，美言不信。善者不辩②，辩者不善。知者不博③，博者不知。圣人不积，既④以为人，己愈⑤有；既以与人，己愈多。天之道，利而不害；圣人之道，为而不争。

【注释】①信言：真实可信的话。②辩：巧辩。③博：卖弄学问。④既：尽力。⑤愈：越。

【译文】真实可信的话不漂亮，漂亮的话不真实。善良的人不巧辩，巧辩的人不善良。明智的人不卖弄学问，卖弄学问的人不明智。圣人不为自己积累财物，尽力帮助别人，而自己也更加富有；尽力帮助别人，自己更充足。天道的法则，是利物

而不害物；圣人的法则，是有所作为却不争利益。

三、朗诵训练

走向远方

汪国真

是男儿总要走向远方，
走向远方是为了让生命更辉煌。
走在崎岖不平的路上，
年轻的眼眸里装着梦更装着思想。
不论是孤独地走着还是结伴同行，
让每一个脚印都坚实而有力量。

我们学着承受痛苦。
学着把眼泪像珍珠一样收藏，
把眼泪都贮存在成功的那一天流淌，
那一天，
哪怕流它个大海汪洋。

我们学着对待误解。
学着把生活的苦酒当成饮料一样慢慢品尝，
不论生命经过多少委屈和艰辛，
我们总是以一个朝气蓬勃的面孔，
醒来在每一个早上。

我们学着对待流言。
学着从容而冷静地面对世事沧桑，
"猝然临之而不惊，
无故加之而不怒"，
这便是我们的大勇，
我们的修养。

我们学着只争朝夕。
人生苦短，
道路漫长，
我们走向并珍爱每一处风光，
我们不停地走着，
不停地走着的我们也成了一处风光。
走向远方，
从少年到青年，
从青年到老年，
我们从星星走成了夕阳。

训练提示

《走向远方》是一首寓意深刻、哲理深透的诗歌，给我们的启迪是深远的，它激励着人们奋发有为，不甘于平庸，不甘于永远沉寂。

汪国真，1956年出生于北京，祖籍福建厦门，是中国当代著名诗人。汪国真的诗歌，主题积极向上，昂扬而又超脱。作品经常会提出问题，而这个问题是每个人生活中常常遇到的，其着眼点是生活，并从中略加深化，找出一些人所共知的哲理来。

测评内容与要求

朗诵表演系列十级测评

【内容与要求】

1. 指定某一情景,由六人一起表演,每人抽取、表演不同角色,团队配合,即兴表演5分钟。

要求:对角色心理把握准确,语言表达鲜活、有创意,配合默契。

2. 朗读《道德经》指定片段,并结合生活实例谈谈自己的理解,限时2分钟。

要求:体态自信舒展,语言清晰畅达。

3. 从第十级朗诵训练材料中自选一篇中外经典诗歌进行朗诵。

要求:感受真切、语气贴切,有表现力、感染力,体态自然大方。

后 记

人类的每一次进步，都离不开语言开路。近年来，教育部力推素质教育，改进美育教学，在中小学语文教材中增加了朗读和理解课文内容的练习，这是贯彻落实党的教育方针的重要措施。

中央电视台《朗读者》《开讲了》等语言类节目的热播也助推了社会对朗读和演讲的关注度的提高，越来越多的家庭开始重视孩子语言表达能力的培养和塑造。好口才成就好未来，"青少年语言表演艺术"丛书可以说是应运而生。这套丛书包含播音主持和朗诵表演两个系列，每个系列5本书。

丛书编写和出版过程得到了中国传媒大学出版社、中国传媒大学远程与继续教育学部的支持和帮助，感谢辛苦付出的同仁朋友们。

感谢本套丛书编写者。播音主持系列：1—3级由胡铖铖编写，4—6级由韩杰编写，7—8级由韩杰编写，第9级由李金泽编写，第10级由牟茗涵编写。朗诵表演系列：1—3级由范晨晨编写，4—6级由牟茗涵编写，7—8级由迟茜编写，第9级、第10级由王新宇编写。

在丛书编写过程中，由于条件所限，书中部分所选作品和图片，未能直接与相关作者取得联系。如有作者在本书中发现自己的作品，请与我们联系。我们的联系方式是：yuyanbyys@163.com，我们将按照著作权相关规定支付稿酬。

图书在版编目(CIP)数据

青少年语言表演艺术朗诵表演系列.第10级 / 全国青少年语言表演艺术测评中心编. --北京：中国传媒大学出版社,2019.4(2019.11重印)

(青少年语言表演艺术丛书)

ISBN 978-7-5657-2447-3

Ⅰ.①青… Ⅱ.①全… Ⅲ.①朗诵—语言艺术—教材 Ⅳ.①H019

中国版本图书馆 CIP 数据核字(2019)第 035999 号

青少年语言表演艺术 朗诵表演系列第 10 级

QINGSHAONIAN YUYAN BIAOYAN YISHU LANGSONG BIAOYAN XILIE DI-10 JI

编　　者	全国青少年语言表演艺术测评中心
丛书策划	王雁来
责任编辑	王雁来
责任印制	李志鹏
封扉设计	王淑君
出版发行	中国传媒大学出版社
社　　址	北京市朝阳区定福庄东街 1 号　邮编:100024
电　　话	86-10-65450528　65450532　传真:65779405
网　　址	http://cucp.cuc.edu.cn
经　　销	全国新华书店
印　　刷	北京中科印刷有限公司
开　　本	787mm×1092mm　1/16
印　　张	7.5
字　　数	84 千字
版　　次	2019 年 4 月第 1 版
印　　次	2019 年 11 月第 2 次印刷
书　　号	ISBN 978-7-5657-2447-3/H·2447　　定　价　45.00 元

版权所有　　翻印必究　　印装错误　　负责调换

绿色印刷 保护环境 爱护健康

亲爱的读者朋友：

本书已入选"北京市绿色印刷工程——优秀出版物绿色印刷示范项目"。它采用绿色印刷标准印制，在封底印有"绿色印刷产品"标志。

按照国家环境标准（HJ2503-2011）《环境标志产品技术要求 印刷 第一部分：平版印刷》，本书选用环保型纸张、油墨、胶水等原辅材料，生产过程注重节能减排，印刷产品符合人体健康要求。

选择绿色印刷图书，畅享环保健康阅读！

北京市绿色印刷工程